# 「構造化」による自閉症の人たちへの支援
## ―TEACCHプログラムを生かす―

梅永雄二 編

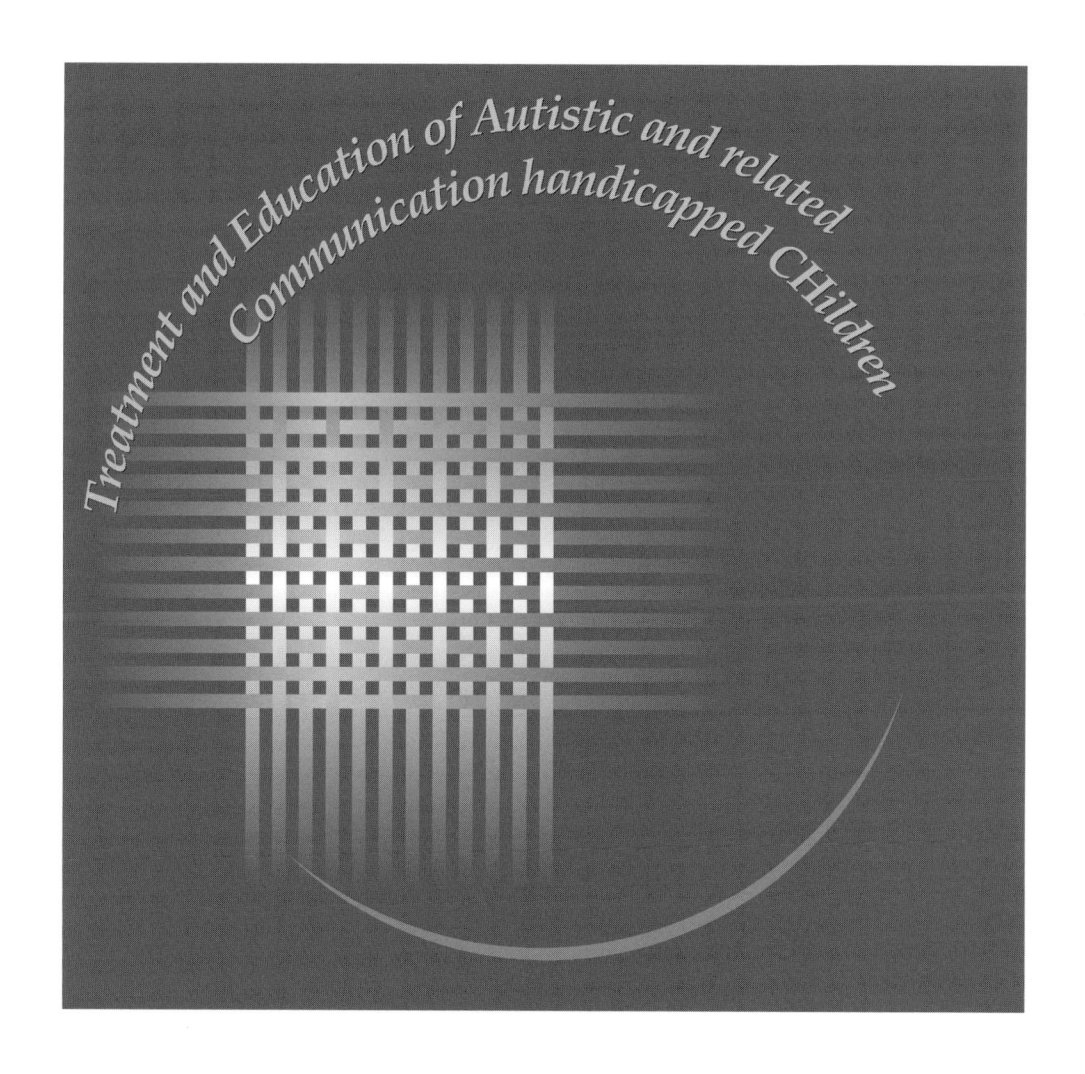

*Treatment and Education of Autistic and related Communication handicapped CHildren*

教育出版

# はじめに

　自閉症の人たちの支援に関しては，1943年にレオ・カナー博士が11人の症例を報告して以来，この60年でいろいろな変遷がありました。母子関係の問題から生じる情緒障害説が主流であったときには，遊びで情緒を安定させるという遊戯療法が用いられることがありました。その後，脳機能の障害であるということがわかり，薬物療法，感覚統合訓練，応用行動分析など様々な方法論がとられるようになってきました。

　しかし，それらはすべて自閉症児に「自閉症を治そう」「言葉を教えよう」「自閉症を健常児に近づけよう」という，自閉症という障害そのものが悪いもので，それを変えなければならないという考え方から抜けだすことはできませんでした。

　それらに対し，「自閉症は自閉症のままでかまわない。環境を変えることによって地域で自立した普通の生活を！」という発想で支援を行っているプログラムがあります。

　それが，米国ノースカロライナ州で実施されているTEACCHプログラムです。

## ノースカロライナ州の自閉症サポートとTEACCHプログラム

### (1) TEACCHプログラムとは

　TEACCHとは，Treatment and Education of Autistic and related Communication handicapped CHildrenの頭文字をつなげたもので，ノースカロライナ州で実施されている自閉症者に対する早期診断から成人期の就労や余暇支援に至る包括的なプログラムのことを意味します。

　TEACCH部はノースカロライナ大学医学部精神科に所属しており，診断・評価・治療・教育・コンサルテーション・就労支援・トレーニング・研究などを提供しています。

　また，TEACCH部は大きく臨床部門と研究部門に分かれており，臨床部門では州内に9つの地域センターを設置しており，成人期に達した自閉症者の居住や余暇，就労訓練，小さい自閉症児のための家庭における就学前の支援，州全体にわたって実施されているジョブコーチという援助が付いた就労などが実施されています。

　TEACCHプログラムの目標は，「自閉症の人たちが地域でできるだけ自立して生活できるように，能力を最大限に引き出すこと」であり，その結果「自閉症の人とその家族を生まれたときから死ぬまで一生涯サポートする」ということです。

　そのため，地域のTEACCHセンターでは早期の診断から成人期の職場での支援までの計画を立て，保護者に提供しています。また，学校や地域においてコンサルテーションも

実施しています。このような支援によって，約840万のノースカロライナ州の人口の中で毎年500人以上の子どもが自閉症と診断され，2,000人以上の自閉症者へのサポートがなされているわけです。

　TEACCHでは，大学生および大学院生の実習や現職教員の研修なども積極的に行っています。研修は単なる講義中心のものではなく，実際に自閉症児者とかかわることによって実践的な支援技法を学びます。今までに約400人の教師が受講し，世界中から来た2,500人もの人たちが学んでいます。

### (2) TEACCHにおける自閉症のとらえ方と支援

　TEACCHプログラムでは，自閉症を障害としてとらえることはしません。自閉症の人たちは「異なった感じ方」「異なった理解の仕方」をする人たちととらえています。それは，あたかもそれぞれの国にそれぞれの文化があるように，「自閉症の文化」と呼んでいます。よって，自閉症の人の長所や興味に焦点を当てます。

#### 1)「構造化」による指導に基づく教育

　「構造化」による指導を行う理由は，①混乱を減少させ，②自立した行動を増やし，③問題行動をなくし，④柔軟性を広げていくためです。

　自閉症は，脳機能が侵されているために生じる発達障害であり，早期に生じます。そのため，「他の人たちと社会的なかかわりを持つことが困難」であったり，「コミュニケーションに問題」があったり，「急な変化への対応ができない，独特のこだわり行動」を持っていたりします。つまり，健常と呼ばれている人たちとは異なった考え方，学習の仕方を持っているのです。

#### 2) 自閉症の社会性

　自閉症児はいわゆる「三ツ組」で定義されていますが，その一つが社会性の問題です。「他人と相互にかかわるようなことが難しい」「ジョイントアテンション（共同注視），すなわち一緒に物を見ることが困難」「目を合わせなかったり，不適切な感情表現をしたりすることがある」「他人の立場に立ってものを考えることができない」「遊びが限定している」「社会的なかかわり方ができない」「社会ルールを守れない」「模倣ができない」などです。

　以上のことは，「我々とは異なる見方，考え方」で説明可能です。

　つまり，「モチベーション（意欲）が異なる」「見て学ぼうとしない」ということは，具

体的・視覚的に社会ルールを構築する，つまり視覚的に構造化して理解させる必要があるわけです。

　また，「顔の表情を見て感情を判断することができない」という問題に対しては，視覚的な手がかりを使って社会的な行動を教える必要があります。

3）コミュニケーション

　コミュニケーションに関しては，「文脈に基づいて理解することができない」「自分のニーズを示したり，嫌なことを拒否したりすることをうまく表現できない」，言葉を話せる自閉症児の場合でも，「話題が限られている」「話を続けられない」「質問ばかりする」などの問題があります。これらのコミュニケーションの問題を解決するためには，視覚的に構造化した場面を作ったり，決まりきったパターンで学習したりすることで指導が可能となります。指示に従えなかった場合は，その指示の意味が理解できなかったからだと考えられます。

　話題が限られている場合は，話す話題のリストを視覚的なリストを使って提供してもいいし，情報を処理するために多くの時間を費やしてもいいでしょう。質問に答えさせられる場合には，言語的な情報に視覚的な情報を加えてもいいかもしれません。

4）こだわり行動

　自閉症児はたやすく混乱に陥ることがあります。それは，環境が変化したり，いつもの決まりきったパターンがくつがえされたりした場合に生じます。また，自由時間というのも彼らには理解しがたいものであり，混乱することがあります。儀式的な行動に集中したり，強迫的な行動をしたりする自閉症児もいます。

　これらの問題を解決するには見通しを持たせる必要があります。例えば，決まりきったパターンを利用し，徐々に変化に慣れさせるわけです。自閉症児は「遊び」よりも「ワーク（何らかの作業）」のほうをたやすく学習します。よって，ワークスキルを伸ばすことにより，種々の問題行動を制御し，衝動的な行動が生じる場合には逃げ道（カームダウンエリア：自分一人で落ち着ける場所）などを設定してあげることも必要です。

5）認知の問題——考えること，学習すること

　自閉症児の中には「原因と結果をうまく結びつけることができない」人がいます。細かいところに集中したり，「適切なこと」と「不適切なこと」の区別，「抽象的なこと」と「具体的なこと」の区別がつかなかったり，般化（応用）ができない場合が多々見られます。

思いこみが激しかったり，どれを選んだらいいかわからない，また，時間の概念を理解できないなどの認知上の問題を数多く抱えています。これは，発達のバランスに偏りがあるからだといわれています。

　これらの問題を解決するためには，彼らの視覚的な強さを利用することが望ましいわけです。彼らに判断しやすい状況を作ってあげるわけです。判断を要する問題を最小限にする方略を教えます。

6) 組織化と連続性

　自閉症児はどこから始めていいのかわからない，次に何をしたらいいのかわからない（トランジッションの問題），注意を集中したり，注意を他のものに向けることができない，指示待ち状態になってしまう，終わりの概念がわからないなどの問題を抱えています。

　よって，これらの問題も視覚的理解力の強さを使うことによって体系的に教えていかなければなりません。重要な情報をハイライト（目立たせる）したり，終わりの概念を具体的に指示したりすることが必要になるわけです。

7) 感覚や知覚の問題

　自閉症児はまた，視覚，聴覚，触覚，味覚，嗅覚，痛覚，温覚，冷覚などに敏感だったり，逆に鈍感だったりすることがあります。また，注意が散漫になったり，たやすく刺激に反応してしまったりすることもあります。

　これらの問題に対しても視覚的手がかりを使い，できるだけ言葉を使うことは減らします。

　以上のような自閉症の問題を明確にし，支援をしていく際に，TEACCHでは，保護者の意見をとても大切にします。なぜなら，自閉症の子どもと一番長く付き合っているのは保護者であり，一番子どものことを知っているからです。よって，保護者を専門家の一人として尊重し，保護者からの情報収集にとても長い時間をかけます。そして，セラピストと保護者が互いに協力し合って，自閉症児に適したサポートを提供します。

(3) TEACCHセンターの業務

　ノースカロライナ州におけるTEACCHの地域センターは，東のグリーンビル，北のグリーンズボロ，チャペルヒル，ローリー，南のウイルミントン，フェイエットビル，南西のガストニア，シャーロットと私が研修を受けた西のアッシュビルの9か所が設置され，

それぞれのセンターで，診断・評価・家庭支援・学校コンサルテーション・居住や就労支援などを実施しています。日本と異なるところは，支援の中身が決まっているのではなく，利用する人のニーズに応じて支援が決まっていくということです。よって，年齢にかかわらず，また重度の知的障害を伴う人から高機能・アスペルガー症候群まで利用者中心にサービスが提供されます。

　アッシュビルは，車で30分〜1時間ほど行くと近くに山や湖があり，自然に恵まれたとても素敵なところです。アッシュビル TEACCH センターは，このダウンタウンのど真ん中にあるヘイウッドホテル内の4階にオフィスがあります。

　アッシュビル TEACCH センターは，ディレクター（センター長）を中心に6人のセラピストと2人の事務担当者の合計9人の小世帯です。セラピストの各部屋以外にカウンセリングルーム，セッションルームと，その隣にワンサイドミラーが設置してある観察室，研修等を行う大広間があります。

　TEACCH センターでは，まずアセスメントに基づいて個別の計画を立てていきます。なぜなら，自閉症の人たちは以下のような特性を持っているからです。

1　視覚的な刺激で学習する
2　小さなところ（詳細な部分）に目が行ってしまう
3　様々な観点から物を見ることが難しい
4　時間の概念を理解することが難しい
5　組織化することが難しい
6　感覚が敏感である

　よって，まずは彼らの特性を知ることから始まります。これがアセスメントです。アセスメントでは，何かを教える際に「できるところ」と「できないところ」以外に，完全ではないが一部ならできるという，いわゆる「芽生え反応」のところを特定します。次に，意味があるもの，実際に機能できるものを教えます。例えば，自閉症児の中にはコミュニケーションに問題を持っている人が多いのですが，言葉がない人の場合，言葉を教えるのではなくコミュニケーションを教えます。

　さらに，「構造化」されて獲得したスキルを応用していけるように広げていくのです。

（梅永雄二）

## ■ 目　　次 ■

はじめに

## 第1章　構造化とは ……………………………………………………………… 1

## 第2章　様々な場面における構造化による支援 …………………………… 7

### Ⅰ　大学における支援の事例

事例1　コミュニケーションの取れない自閉症幼児に対する
　　　　構造化によるコミュニケーション指導 ……………… 8

事例2　ロッキングや奇声が多い自閉症児に対する構造化による支援 …… 14

実践事例へのコメント ………………………………………………… 21

### Ⅱ　教育現場における支援の事例

事例3　自閉症児が安心して学習に取り組むことができる環境づくり …… 23

事例4　多動で感覚の過敏な自閉症児に対する物理的構造化と
　　　　視覚的スケジュール，およびAACを用いた支援 …… 49

事例5　子どもにわかりやすい教室づくり ……………………………… 58

実践事例へのコメント ………………………………………………… 66

### Ⅲ　福祉現場における支援の事例

事例6　言葉が理解できず，たびたび混乱し，
　　　　自傷・他害を引き起こす自閉症者への構造化による支援 …… 68

事例7　作業が嫌いで，自分のペースを崩されると
　　　　パニックを起こす自閉症者への構造化を生かした作業支援 …… 71

事例8　施設での日課の見通し，作業への集中力を高めるため，
　　　　スケジュールおよびワークシステムを用いた支援 …… 73

事例9　多動で言葉が理解できない自閉症者への
　　　　視覚的なコミュニケーションや構造化を用いた支援 …… 76

事例10　コミュニケーション場面における支援（カード・コミュニケーション） …… 80

実践事例へのコメント ………………………………………………… 86

### Ⅳ　就労現場における支援の事例

事例11　重度知的障害を伴う自閉症者に対する一般就労を目指した取り組み …… 89

実践事例へのコメント ………………………………………………… 95

### V　医療現場における支援の事例

- 事例12　歯磨きがうまくできない自閉症児に対する構造化による支援 ……………… 98
- 事例13　歯磨きの順番がわからない自閉症児への構造化による支援 ……………… 101
- 事例14　歯磨きカードが必要な自閉症児に対する構造化による支援 ……………… 103
- 事例15　歯医者さんに行く前にできること ……………………………………………… 105
- 事例16　診察室での工夫 …………………………………………………………………… 108
- 事例17　障害者人間ドックの構造化による支援 ……………………………………… 112
- 実践事例へのコメント …………………………………………………………………… 116

おわりに ………………………………………………………………………………………… 119

#### コラム

- PEP …………………………………………………………………………………………… 13
- AAPEP ……………………………………………………………………………………… 20
- CARS ………………………………………………………………………………………… 118

# 第1章

# 構造化とは

# 第1章 構造化とは

　広辞苑によると,「構造」とは「①いくつかの材料を組み合わせてこしらえられたもの。また,その仕組み。組み立て。②全体を構成する諸要素の,互いの対立や矛盾,また依存の関係などの総称」となっています。ということは,「構造化」とは「いくつかの材料を組み合わせること,全体を構成する矛盾や対立を調整すること」ということになるのでしょうか。

　「構造化」という言葉は,米国ノースカロライナ州で実施されている自閉症者のための幼児期から成人期に至る包括的支援プログラムである TEACCH（Treatment and Education of Autistic and related Communication handicapped CHildren）で実施されている支援技法として知られています。

　構造化を説明するために,我々の行動について考えてみたいと思います。

　我々は何か行動を起こす際に手がかりを用いて行うことが多々見られます。

　例えば,道路を渡る際に左右を確認する場合などがそうです。右と左をきちんと見て車が来ていれば,渡らずに「止まる」という行動を取ります。そして,車が来ていないことが確認できれば,「渡る」という行動を取るわけです。しかしながら,左右を確認するというのは,どの辺までに車が来ていれば危険で,どのくらい離れていれば安全かを判断するのは人によるし,また,幼児や知的障害のある人たちにとっては結構難しい判断となるでしょう。

　そこで,道路を渡る際に信号機を目印にすることにします。信号が青であれば道路を渡り,赤であれば止まるという行動はきわめてわかりやすいものです。この信号の「青」や「赤」が構造化の最たるものかもしれません。

　視覚障害者が,街を一人で歩くということは危険が伴います。しかしながら,点字ブロックのある歩道であれば,白杖や足の裏で点字ブロックを感じることができ,一般の歩道に比べきわめて歩きやすいものになるでしょう。また,近年,シャンプーとリンスの区別がつきやすいように点字で示されているものがあります。缶ビールなどのアルコール飲料にも視覚障害のある子どもたちが誤って飲まないように,点字で「オ・サ・ケ」とプルトップの近くに示されています。

　聴覚障害者はどうでしょうか。テレビや映画の字幕などが構造化に値するものと思います。何をしゃべっているかわからない場合でも字幕で話者の意図がわかるため,これも素晴らしい構造化のアイデアです。

　車いす等の肢体不自由者の場合は,移動するという行動を取る際に手すりやスロープ,エレベーターなどが構造化と言えるでしょうし,用を足す場合の改造トイレも行動しやすい構造化です。

　我々一般人にとっては,先ほどの信号機以外に駅のゴミ箱や駐車場などもそれぞれ物を捨てる際の手がかりだし,車を止めるときの目印になりますね。

　TEACCHでは,「構造化」はいくつかの分野に分けて説明されています。

まずは「物理的構造化」というもので，これは「環境の構造化」とも言われており，そこで何をするかを示すためのものとなります。

　次に「時間の構造化（スケジュール）」ですが，我々は時計を見て次に何をするかがわかりますが，自閉症の人の中には見通しを持てない人が多く，そのために予定に変化があったりするとパニックを引き起こすことがあります。よって，次に何を行うかなどをわかりやすく文字や絵，写真，シンボルなどで伝えるスケジュールは自閉症の人にとって見通しを持つことができるきわめて重要な構造化の一つです。

　さらに，「作業の構造化」というものがあり，「ワークシステム」と呼ばれています。これは，そこで何をすればいいのか，どのくらいの量を行えばいいのか，どのように行えばいいのかをJIG（視覚的な補助具）などを使ってわかりやすくしてあげることです。

　なぜ物理的構造化を行うのかという理由は，「そこがどのような場所かを明確にするため」であり，また，自閉症者の特徴の一つである「音や視覚的な刺激を遮断し課題に集中させるため」でもあります。

　なぜ時間の構造化を行うのかという理由は，「次に何をしたらいいのかの見通しを持たせるため」であり，見通しが持てない場合にはパニックを起こすことがあるからです。

　なぜ作業の構造化を行うのかという理由は，「そこで何をするのかをわからせるため」であり，様々な問題行動と言われる行動は，何をしたらいいのかわからないときに生じることがあるからです。

　**写真1**は，公の建物によく表示されている非常口の案内板です。これは，火災などの非常事態が生じたときに，あわてて飛び出すことを防ぐために示されており，この非常口の案内で我々は安心して非常口から避難することができます。非常時の際に落ち着いて室内から戸外へ出るという行動の手がかりとして示される，きわめてシンプルかつわかりやすい構造化のアイデアです。

写真1　非常口の案内板

| 第1章 | 構造化とは |

　写真2は，駅のホームでよく見かけるゴミ箱ですが，従来，駅のゴミ箱は1種類でした。分別収集に対応するため「カン・ビン・ペットボトル」用のゴミ箱と「新聞・雑誌」用のゴミ箱，そして一般のゴミ箱に分類されました。これにより，空き缶はこの箱へ，新聞は別の箱へ捨てるという行動がとてもわかりやすくなりました。最近では，新幹線のホームなどで写真3のように箱そのものが透明になり，中のゴミまで見えるようになってきました。本来はテロ対策等の目的で導入されたと聞いていますが，これは，日本語が読めない外国人などにとってはとてもわかりやすい構造化のアイデアだと思います。

| 写真2 | 3種類に分類されたゴミ箱 |

| 写真3 | ゴミの種類がわかるように透明になったゴミ箱 |

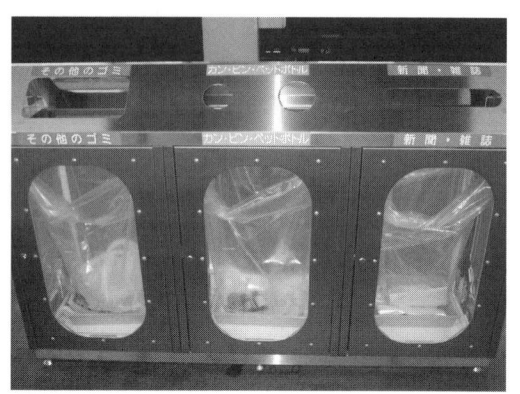

　写真4は，東京の山手線の電車内に示される次駅の表示です。従来，次の駅の案内は，車掌さんが「次はシナガワ，次はシナガワ」などと車内放送で案内をしてくれました。しかしながら，電車の走る音や人の会話などで聞き取れないことがあったり，一瞬気を抜いて聞き漏らすといったこともありました。

　ところが，このように液晶画面で視覚的に示してくれることによって，安心して次の駅を確認することができます。また，この液晶画面では数秒おきに写真5のように，漢字の読めない子どもにとってもわかりやすいように「ひらがな」で示してくれます。さらに，日本語のわからない外国の人に対してもわかるように「英語」でも表示してくれます（写真6）。

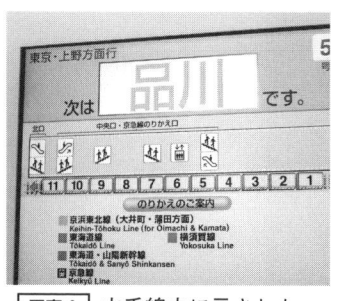

| 写真4 | 山手線内に示された次駅の表示 |

| 写真5 | ひらがなで示された表示 |

| 写真6 | 英語表記による表示 |

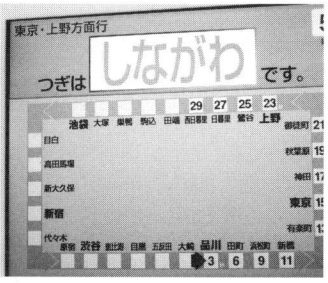

このような構造化されたアイデアは，我々の行動にとても強い味方となってくれます。認知・行動等の面で問題を抱えている自閉症の人たちにとってはなおのこと，こうしたアイデアが有効な手助けとなります。
　「構造化」は，「自閉症の人たちにわかりやすいように環境を整備してあげること」と言えるでしょう。

　本書では，このような構造化のアイデアを使って自閉症の人たちの支援をされている学校の先生や福祉施設の支援員，就労支援におけるジョブコーチ，そして医療機関の方々に執筆していただきました。
　自閉症の人たちの生活する場は違っても，このような構造化のアイデアを用いることにより活動しやすい，暮らしやすい，そして生きやすい社会を築くことができるものと思います。
　自閉症の人たちがかかわるいろいろな場面で応用していただけることを期待したいものです。

（梅永雄二）

# 第2章

# 様々な場面における構造化による支援

# 第2章 様々な場面における構造化による支援

## Ⅰ 大学における支援の事例

　最初に紹介する事例は，東京の明星大学および宇都宮大学において，指導セッションに参加されていた2名の自閉症児における構造化による支援の例です。

### 事例1
### コミュニケーションの取れない自閉症幼児に対する構造化によるコミュニケーション指導

### 1．対象児

#### （1）行動特徴

　3歳1ヶ月のときに自閉症と診断され，知的障害児通園施設に通っている5歳（支援開始時）のアヤちゃん（仮名）。中度の知的障害を併せ持ち，療育手帳を取得しています。

　新しい場所を怖がったり，見えないところから突然，音がすると，耳をふさいでしゃがみこんだり，泣き出したりします。そのため，園でのお遊戯の時間では部屋の隅で耳をふさぎ，参加することが困難でした。

　ジェスチャーや身振りで指示を出すと理解することができていました。「座る」「入れる」などといった日常的によく使われる単語であれば理解しているものがありました。アヤちゃんの表出言語としては単語での要求がありますが，場面に合っていない発言が多く，コミュニケーションとして成り立っていない言葉も多く見られました。

#### （2）検査結果

① WISC-Ⅲ：測定不能
② 田中ビネーⅣ：IQ36　精神年齢1歳11ヶ月
③ PEP－R（自閉児・発達障害児教育診断検査：p.13 **コラム1**参照）（図1）

## 発達領域

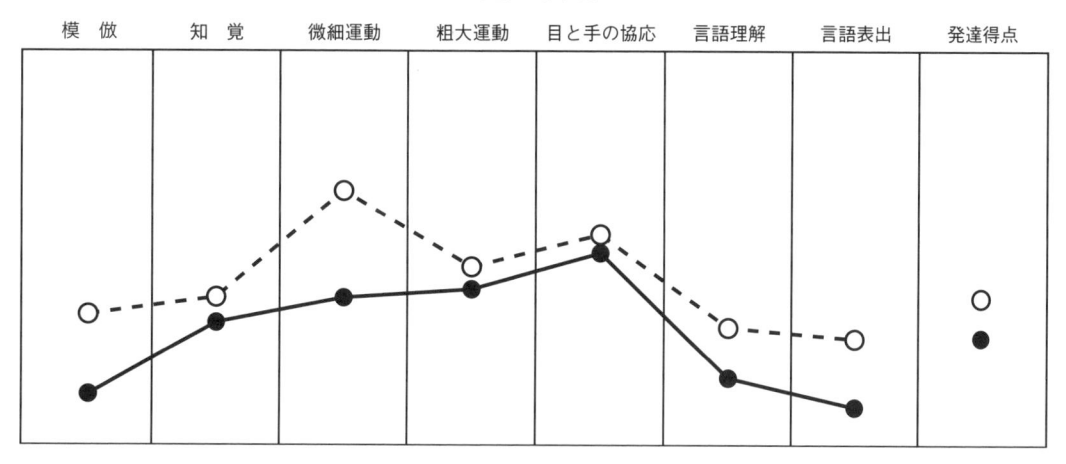

| 模倣 | 知覚 | 微細運動 | 粗大運動 | 目と手の協応 | 言語理解 | 言語表出 | 発達得点 |

※●は合格の値を表し、○は芽生え（合格にも不合格にも適しない部分）を表す。

図1　アヤちゃんの PEP－R の結果

## 2．アヤちゃんへの指導

### (1) 指導期間

週1回（1セッション約50分）1年間の指導を行いました。

### (2) 指導方法

PEP－R の検査結果から、次のような指導計画を立てました。

①パーテーションの設置：どこで何をやるのか、支援者からどんな行動を求められているのかを理解して行動することが難しかったため、一つの場所では一つの活動しか行わないようにしました。また、遊び道具が目に入ってしまうと課題に集中することが難しいため、余分な刺激を遮断する意味も含めています。

ここはワンサイドミラーですが、アヤちゃんの目線まで鏡を隠しています

ここはお勉強

段ボールに壁紙を貼り付けてみました

②写真でのスケジュール提示：アヤちゃんは写真やイラストに興味があり，マッチングさせることができていたので，これから何をするのかを伝えるときには，場所を区切るだけではなく，写真でスケジュールを提示しました。

終わった活動のカードを入れます

③おやつ場面：アヤちゃんの好きなおやつを準備して，アヤちゃんのモチベーションを高めることにしました。お皿の準備から一人でできるように，置く場所を示してあります。

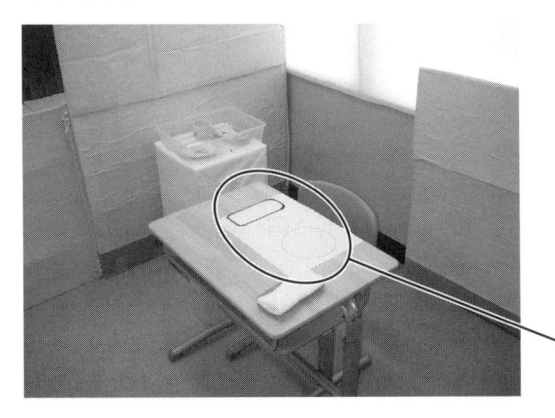

お皿やコップのふちに合わせて色分けして枠を書いています

④遊び場面：いくつものおもちゃがあると，一つのことに集中して遊ぶことが難しく，他の活動に切り替えるのが難しいので，おもちゃを一つ一つ箱に入れて準備しておきました。

最初はフタをつけないとすべてのおもちゃを出していましたが，1年後にはフタがなくても大丈夫になりました

⑤コミュニケーション：アヤちゃんのモチベーションが高いおやつの場面を中心に行いました。お菓子の名前を言うことができていたので、アヤちゃんが見える位置に写真のメニュー表を置きました。アヤちゃんが欲しいお菓子の名前が言えたら手渡すようにしていたので、メニュー表はアヤちゃんが直接、写真を取らないように、少し離れた位置で見せています。

## 3. 結　果

アヤちゃんの検査を行った時と9ヶ月後とを比較すると、機能的なコミュニケーションが増えたことがわかります（表1，2）。アヤちゃんが好きなおやつや遊びの場面を中心にコミュニケーション指導を行ったので、モチベーションが高く、習得するのも早かったようです。

表1　アヤちゃんのコミュニケーションの変化（理解）

| | 2004年10月 | 2005年7月 |
|---|---|---|
| 受容コミュニケーション | 他者に対しての反応 | |
| | ・呼名に対して反応なし。<br>・外からの音が気になり確認しに行く。 | ・手を挙げて返事をする。<br>・外の音が気になっても落ち着いて活動に取りかかれる。 |
| | 指さし | |
| | ・直接、指を差すと理解。 | ・約1m離れた場所の指さしを理解。 |
| | 移動 | |
| | ・手をつないで連れて行く。<br>・気に入ったおもちゃや課題を見せると次の活動場所へ移動する。 | ・自発的に行動を始める。<br>・写真カードを見せると次の活動場所へ移動する。 |
| | 課題を行う | |
| | ・指導者が行う、もしくは身体介助により課題を棚から取り出す。<br>・指導者の指さしや身体介助によって課題を片付ける。 | ・棚の上から順番に課題を取り出し、課題に取り組む。<br>・自発的に課題を棚に片付ける。 |

表2　アヤちゃんのコミュニケーションの変化（表出）

| | 2004年10月 | 2005年7月 |
|---|---|---|
| 表出コミュニケーション | 他者への意識 | |
| | | ・要求を伝える相手の方を向く。 |
| | おやつの選択方法 | |
| | ・直接おやつを手に取る。 | ・写真によるメニューから選択をし、言語によって表出する。 |
| | 言語によるコミュニケーション | |
| | ・「アケテアケテ」 | ・「あけて」<br>・（粘土を持って）「キリン（を作って）」<br>・（粘土のキリンを見て）「キリンだー！」 |

第2章 様々な場面における構造化による支援

　7ヶ月後にPEP-Rの再検査を行い，1度目の検査と比べると，言語理解や言語表出だけではなく，他者を意識し，模倣しようとする能力も上がっていました（**図2**）。

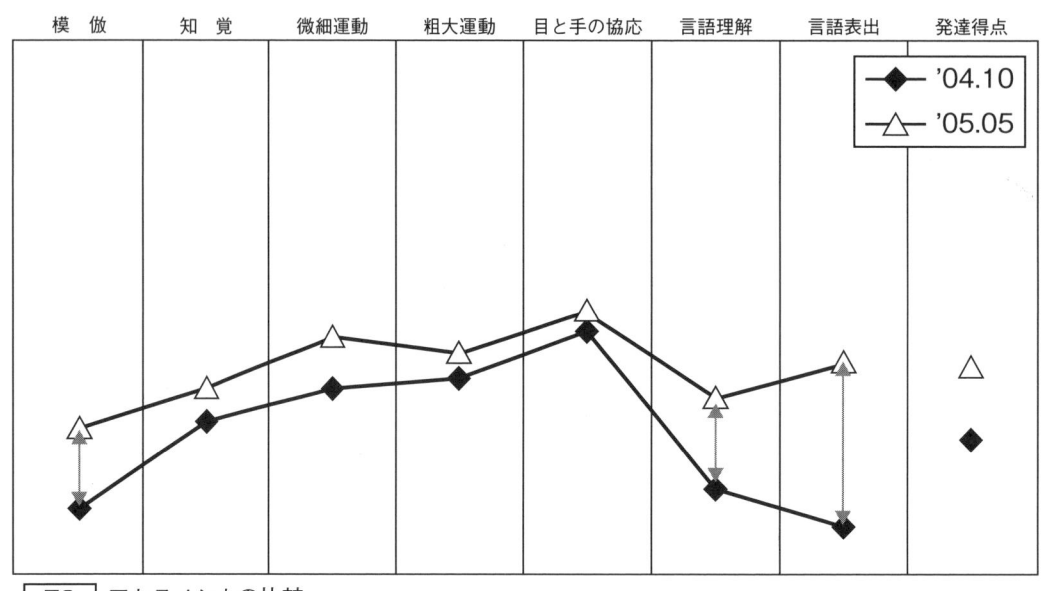

　　　模　倣　　　知　覚　　　微細運動　　　粗大運動　　　目と手の協応　　　言語理解　　　言語表出　　　発達得点

　◆ '04.10
　△ '05.05

図2　アセスメントの比較

## 4．考　察

　大学での支援が始まった頃のアヤちゃんは，目につくものの名前を言うことができていたものの，支援者が「これは？」と聞くと異なった回答をすることがありました。また，次の活動へ切り替えることや中断することが理解できず，めまぐるしく変化していく周囲の状況に対応することが難しいため，耳ふさぎやしゃがみこみ，泣くといった行動が出ていたものと思われます。

　しかし，PEP-Rの結果から導き出されたアヤちゃんの理解度に合わせた適切な指示を出すことで，受容（理解）コミュニケーションだけではなく，表出コミュニケーションも増え，落ち着いて様々な活動に参加することができました。

　構造化による支援は様々な場所で取り入れられていますが，支援方法だけを取り入れてしまっては，構造化も意味をなさないことがあります。支援を必要とする子どもにとって，「どこで，何を，いつまでに，どのくらい，どうやってすればいいのか」がわかりやすく示されるためには，きちんとアセスメントを取る必要があると思います。

（梅永雄二・関谷めぐみ）

## コラム❶ PEP

　PEPとはPsycho-Educational Profileの略で，我が国では「自閉児・発達障害児教育診断検査」と訳されています。現在第3版（PEP-3）が使用されています。
　PEPは，学校へ進んだ後のIEP（個別教育計画）を策定するための資料として使用されます。
　対象児の年齢は，生後7ヶ月～81ヶ月（6歳11ヶ月）の乳幼児（認知スキルが平均以下の場合は7歳以上でも実施できる）で，発達尺度として「認知言語」「表出言語」「受容言語」「微細運動」「粗大運動」「視覚－運動模倣」といった6領域の発達スキルと，「感情表現」「社会的相互関係」「特徴的な運動行動」「特徴的な言語行動」といった4領域の適応行動スキルにおいて172の検査項目が設定されています。
　さらに，保護者等からの聞き取りによる「問題行動」「自己管理」「適応行動」などの下位検査も設けられています。
　TEACCHにおける検査の中で，次に示すTTAPもそうですが，自閉症の特徴を考慮された検査となっているため，言葉によるコミュニケーションが取れない子どもでも検査ができるように設定されています。

**PEPの特徴**

| | |
|---|---|
| 3段階評価方法の採用 | 「合格」「不合格」の間に「芽生え反応」を設定しており，それぞれ「合格」を2点，「芽生え反応」を1点，「不合格」を0点と採点する。「芽生え反応」とは，もう少しで合格できそうな課題や検査者からヒントや手助けをもらえばできる課題に対して採点され，今後，指導を行う目標として設定される。 |
| 言語性検査項目の軽減 | 従来の検査では言葉を必要とするものが多かったが，PEPでは言葉に依存しない検査項目が多い。 |
| 検査手続きの柔軟性 | 子どもの様子や状態に応じて，検査の順番を自由に変えることができる。また，子どもに支援を取り入れた状態で検査を行うことができる。制限時間がないため，子どもの状態に応じて，すぐに検査を中止してもよい。 |

# 事例2

## ロッキングや奇声が多い自閉症児に対する構造化による支援

## 1. 対象児

### (1) 行動特徴

　対象児は14歳（支援開始時）の重度の知的障害を伴う自閉症児のアタル君（仮名）です。

　課題に取り組もうという姿勢はあり，課題遂行能力も高いのですが，課題のやり方を言葉で指示されても理解できませんでした。また，課題に取り組んでいて困ったことがあると，支援者の顔をうかがい，指示待ち状態となってしまいます。

　窓の外の景色や人の動きなどが視覚に入ってくると，じっと見つめていることがあります。

　言葉での指示が続いたり，嫌なことを要求されたりすると，手をぐるぐる回しながらのロッキングやエコラリア（オウム返し），奇声，空笑い，手噛みといった行動が表れます。これらの行動が表れている間は課題を行うことができませんでした。

　ひらがなを読んだり書いたりすることは可能でしたが，その理解は半分くらいでした。また，単語を発することで要求を示すことがありますが，エコラリアなのか要求言語なのかを区別することは困難でした。

### (2) 検査結果

① WISC-Ⅲ知能検査を実施したところ，全IQは測定できませんでしたが，言語性IQ43，動作性IQ40未満となっています。（13歳時の検査結果）
② AAPEP（青年期・成人期心理教育診断検査：p.20 **コラム2参照**）（**図1，表1**）

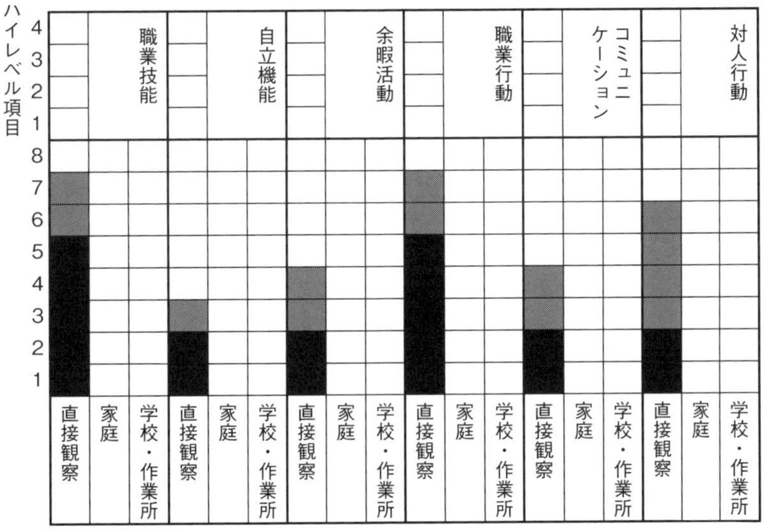

Ⅰ 大学における支援の事例

図1　AAPEP結果（黒い部分が合格得点，灰色の部分がめばえ得点）

表1　検査時に見られた行動特徴

| 職業技能 | 言語による指示があるものに関しては，誤答を含め，何らかの言語反応が見られた。また，課題を行おうとする行動が多く見られた。<br>ハイレベル項目のうち，「数字カードの分類」「2種類の工具の協応的使用」は合格したが，採点規則によりカウントされていない。 |
|---|---|
| 自立機能 | 食事に関する項目はすべて合格していた。金銭の認識や価値概念はなかった。ひらがな・数字を読むことができるため，時計の数字や標識に書かれたひらがなに興味を示す。自分の名前を伝えることはできたが，住所などの連絡先を伝えることはできなかった。数字に興味があったが，ハイレベル項目にある「カレンダーを読む」ことはできなかった。 |
| 余暇活動 | バスケットボールのシュートなど，使用方法を理解している用具に関しては，検査者に促されると取り掛かるといった様子で，自分から遊びを始める様子は少なかった。<br>事前情報として，雑誌への興味が高いとあったが，検査場面にあった雑誌への興味は低かった。 |
| 職業行動 | 作業への取り掛かりはとてもよい。<br>検査の都合上，今回の検査は数日にわたって実施しているが，ボールペンの組立課題と分解の課題に関しては，違う日に行っていても分解したものを再度組み立てようとするなど，課題の混乱が見られた。 |
| コミュニケーション | 食事場面でのコミュニケーションや挨拶の理解や習得度が高い。<br>検査者から2語文で指示をすると，理解して行動に移ることができるが，3語文以上の長い指示であったり，2段階以上の指示が一度に出されると，空笑いやエコラリア，ロッキングなどの行動が見られる。 |
| 対人行動 | 不安や緊張が高まると，空笑いやエコラリア，ロッキング，奇声，手噛みといった行動が見られる。<br>また，手を大きく振り回しながら歩いたり，光るものへの興味があるため，結果として他者に攻撃してしまう可能性がある。 |

第2章 様々な場面における構造化による支援

## 2．アタル君への指導

### (1) 指導期間

1年間，週1回約50分の指導を行いました。

### (2) 指導方法

AAPEPの検査結果から，次のような指導計画を立てました。

①刺激の遮断：視覚的な刺激に敏感で，他に興味を持つと課題を中断してしまうので，課題に集中できるように視覚的な刺激が入らないようにパーテーションを置きました（**写真1，2**）。

> 机やアコーディオンカーテンを利用してパーテーションにしています

**写真1** アタル君の仕事エリア

> 右側にもパーテーションがあります

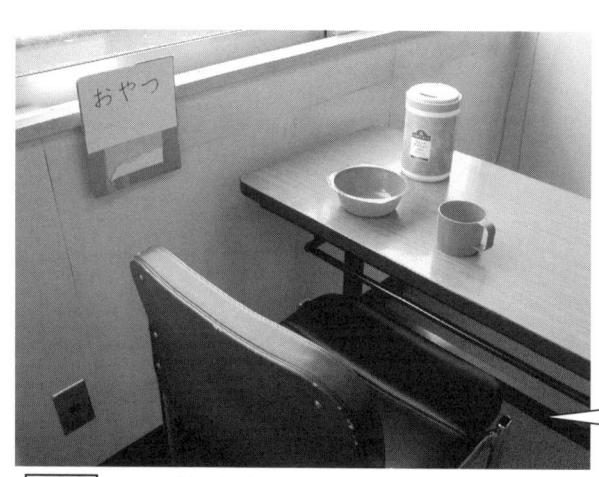

**写真2** アタル君のおやつエリア

②**言葉かけ**：検査結果から，名前を呼ばれたときの反応はあるのですが，3語文以上の言葉かけや助詞を含む言葉かけをすると混乱している様子が見られたので，助詞を含まない2語文以下の言葉かけを用いるようにしました。

③**課題の提示**：見えない場所に課題を置くと終わりがわからず，ロッキングなどの行動が表れるため，課題はアタル君の見える場所に置きました。また，20までの数をかぞえることができるため，課題を入れたかごに数字で順番をふりました（時間の構造化）。さらに，課題をやりやすいように配置したり，課題の手順を教えたりするためには視覚的な補助用具（JIG）を用いました（課題の構造化）。

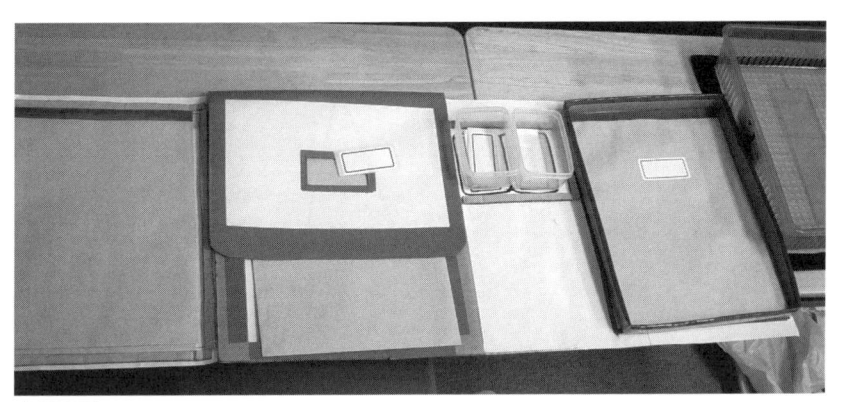

写真3　課題の表示

写真4　スケジュールの提示

## 3. 結　果

アタル君の問題となる行動のうち，出現頻度の高いロッキングとエコラリアに注目して，課題中の出現頻度を図に示しました（**図2**）。

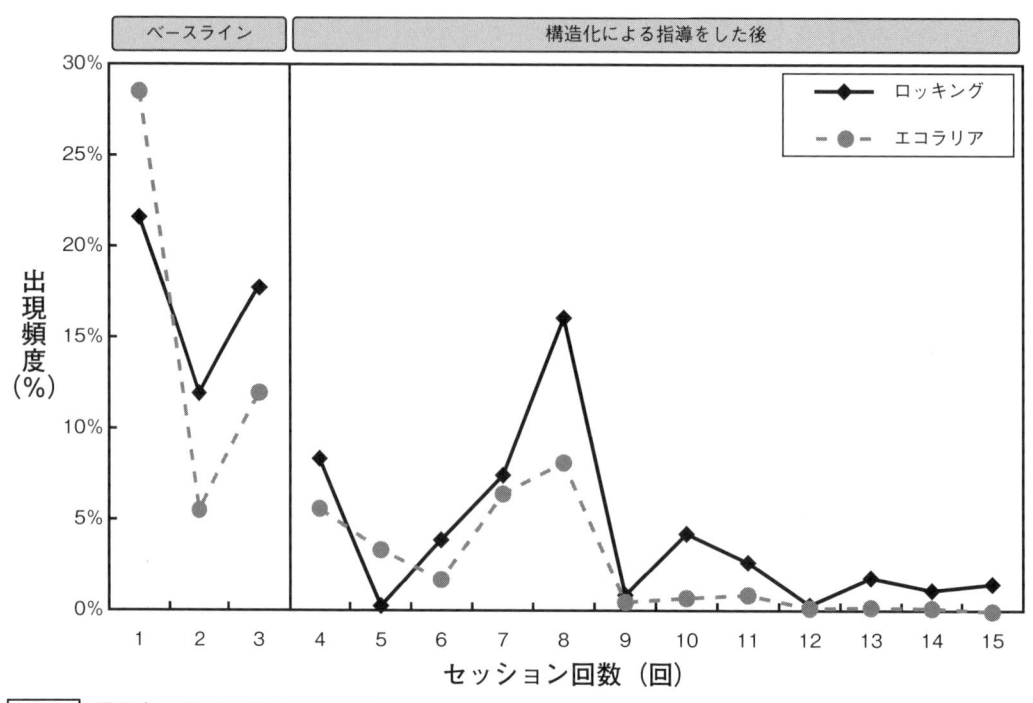

図2　課題中の問題行動の出現頻度

　図2のベースラインでは，アタル君に構造化をしていない場所で課題に取り組んでもらったときのロッキング，エコラリアの出現を示しています。その後，アタル君の課題時に時間の構造化と課題の構造化を取り入れたところ，1年後にはロッキング，エコラリア共に出現頻度や時間が少なくなりました。

## 4. 考　察

　課題を行うエリアを設定するにあたって，フォーマルなアセスメントとして行ったWISCやAAPEPの結果に基づいて，アタル君が気にしてしまう視覚的な刺激が視界に入らないようにパーテーションを置いたり，課題の量がわかるように一つの課題に対して一つのかごに入れて用意したり，課題作成時にはアタル君が見ただけで課題のやり方がわかるように注意して作成したりしたことが問題行動の軽減につながったものと思われます。

しかし，イラストや写真で手順を示しても，その課題をやりやすいように配置することが難しいことがあり，混乱を見せ，ロッキングやエコラリアが出現することもありました。そこで，アタル君が色のマッチングができることから，それぞれの課題で使う用具を色がついた小さなかごに入れ，台紙にかごの色に対応させた色で枠を書きました。色をマッチングさせてかごを置くことで，アタル君が課題をやりやすいように配置できるため，課題中に用具を探したりする手間がはぶけ，そこでの混乱がなくなりました。

　また，アタル君がセッションに参加する前から興奮状態にあるときは，指導者の呼びかけに敏感に反応してしまい，ロッキングが出現することがあったので，アタル君への声かけは最小限のものとし，アタル君が自立して課題を行えるように課題を設定しました。

　アセスメントの結果から，アタル君に適した構造化や課題の設定を行っていましたが，セッションを行っていく中でも構造化の変更を何度となく行いました。特別支援学校に通っていたアタル君は，学校での行事の数によっても状態が変化するため，その時期に合わせてアタル君が落ち着く構造化を考えていきました。課題も保護者のニーズやアタル君の能力の変化によって変更していきましたが，課題のやり方などの提示法はセッション中，一貫したものとしました。

　その結果，**図2**にあるように，課題時間中にアタル君がロッキングやエコラリアを出現させる回数も，課題時間全体の中で出現していた割合も減少しました。

（梅永雄二・関谷めぐみ）

## 第2章 様々な場面における構造化による支援

### コラム❷　AAPEP

　PEPが小学校に入る前の乳幼児のための検査，すなわち家庭や幼稚園等から小学校への移行のためのアセスメントであったのに対し，AAPEPは学校から地域での成人生活への移行のためのアセスメントです。AAPEPとは，Adolescent and Adult Psycho-Educational Profileの頭文字をとった略称で，「青年期・成人期心理教育診断検査」のことを意味します。

　AAPEPは，自閉症スペクトラムの生徒たちが学校を卒業後，社会に参加するうえで必要な教育サービスを提供するためのITP（Individual Transition Plan：個別移行計画）を策定するために使われるアセスメントです。

　アセスメントの領域は「職業スキル」「職業行動」「自立機能」「余暇スキル」「機能的コミュニケーション」「対人行動」となっており，それぞれの領域において「直接観察尺度」のほかに「家庭尺度」「学校／作業所尺度」でアセスメントを行い，採点基準もPEP同様，「合格」「芽生え反応」「不合格」の3基準となっています。

　なお，米国ノースカロライナ州ではAAPEPの改正版であるTTAP（TEACCH Transition Assessment Profile）が開発されており，わが国でも現在，翻訳作業が進んでいます。

**AAPEPの特徴**

| | |
|---|---|
| 3段階評価方法の採用 | 「合格」「不合格」に加え，「芽生え反応」を設定します。「芽生え反応」とは，もう少しで合格できそうな課題や検査者からヒントや手助けをもらえばできる課題に対して採点され，今後，学習していく内容ともなっていきます。 |
| 言語性検査項目の軽減 | 従来の検査では検査中の言葉かけが決まっているものが多いのですが，PEP-Rでは検査者が言葉以外で指示をすることもできます。子どもの言語理解に合わせた指示のため，本来の能力をコミュニケーション能力によって妨げられることがなくなりました。また，子どもから言葉によってこたえなくてはいけない検査も必要最小限となっています。 |
| 検査手続きの柔軟性 | 子どもの様子や状態に応じて，検査の部屋や順番などを自由に変えることができます。また，検査室の設定も，すでに検査を受ける子どもに有効な支援を取り入れた状態で検査を行うことができます。<br>制限時間を強調することがないため，子どもの状態に応じて，すぐに検査を切り上げてしまったり，様子をうかがう時間を設けたりすることができます。また，切迫した時間が苦手な子どもに対して，ストレスが軽減されます。 |
| 余暇の評価 | 社会生活を営むうえで，余暇が充実していることはQOL（生活の質）を高めるために必要不可欠な条件となります。自閉症児・者は「余暇」を行うことが困難なことが多いため，どのような余暇を楽しめるかが重要な項目となっています。 |

(Schopler，1997)

## ■実践事例へのコメント■

アタルくんの事例（**事例2**）でも見られるように，ロッキングなどの常同行動やエコラリアは，自閉症の子どもに多くみられ，診断基準や障害特性の一部にもなっている行動です。

TEACCHでは，自閉症の人に特異な行動を氷山モデルで説明しています。海面から見えている氷山の部分は，全体の1割にしかすぎません。残りの9割は海面下に隠れているのです。同じように，自閉症の人が示す特異行動も，海面上に見えている氷山の一角にたとえることができます。これを改善するには水面下の原因に目を向ける必要があります。ロッキングのような常同行動と呼ばれるような行動は，行動自体を止めたり，抑えようとしたりしてもうまくいかないことが多いと思います。常同行動は，不安やストレスの表れであり，その主な原因は，環境の意味や期待されていることが理解できない，支援者からの過剰な言葉かけや制止であることが多いのです。

環境を構造化すると，生徒は環境の意味がわかり，自立した行動が増え，先生からの過剰な言葉かけや制止が減ります。本文図2のグラフ（p.18）で示されるとおり，構造化により劇的にロッキングやエコラリアが減っています。オゾノフら（1998）は，家庭療育に構造化を用いることで自閉症の指標を示すCARSの得点が減少したことを報告しており，同様の結果を示しています。

この大学での事例のように，行動問題に対処するには，①アセスメントにより原因を探り，②本人に合った環境の構造化を計画し，③記録を取りながら実践の有効性を検証することが必要だと思います。

アタルくんも，**事例1**のアヤちゃんもコミュニケーションに問題がありましたが，構造化により改善が見られています。そこで，構造化をコミュニケーションの観点から少し整理してみましょう。物理的構造化は活動の場所について伝えるもの，視覚スケジュールは活動の順序性や見通しを伝えるもの，ワークシステムは作業の手順を伝えるものです。いずれも支援者が生徒に対して伝える，理解を促す機能を持っていることがわかります。

アタルくんはエコラリアがたくさん出ていました。これまで，エコラリアは全く意味のない行動と考えられてきましたが，コミュニケーションの機能を持っていることがわかってきました。特に，相手から言われていることがわからないときにたくさん出ることもわかっています。**図2**のグラフからもわかるように，構造化により理解を促すとエコラリアは減るのです。

もう一つ，コミュニケーションには，生徒から支援者に伝える表出の機能もあります。TEACCHでは，コミュニケーションには様々な形態（表情，身振り，発語，具体物，絵や写真など）があり，本人が理解しやすい形態を教えることが最も効果的であるこ

とを早くから気付いていました。サインや絵カードによる代替コミュニケーションを教えると発語がなくなることを心配する親や専門家がいますが，これまでの研究からは，逆に，発語を促すことがわかっています。アヤちゃんの事例でも，そのことが実証されています。また，人への反応性や模倣が増えるといった副次的な効果も見られるのです。

(服巻　繁)

〈参考資料〉

　E. ショプラー編著／田川元康監訳（2003）『自閉症への親の支援——TEACCH 入門』黎明書房
　Ozonoff, S. & Cathcart, K.（1998）Effectiveness of a home program intervention for young children with autism. Journal of Autism and Developmental Disorder, 28, 1, 25-32. 髙木隆郎・M. ラター・E. ショプラー編（2000）『自閉症と発達障害研究の進歩』星和書店 , pp. 285-295.

# II 教育現場における支援の事例

　自閉症児の支援は特別支援学校や特別支援学級といった教育現場で実践されることが多いと思われます。
　よって，教育現場の支援については静岡，東京，栃木の3県の特別支援学校における「構造化による支援」の実践報告をお願いしました。

## 事例3

### 自閉症児が安心して学習に取り組むことができる環境づくり

　静岡県立静岡北養護学校清水分校は平成13年4月，静岡市立清水小学校と同じ敷地に設立された地域密着型の新しいタイプの学校です。小学部と中学部で70名前後の児童生徒が通学しています。"地域を教室に"を合言葉に，学校内完結の学習ではなく，地域生活，家庭生活にもつながるように意識して学習を展開しています。地域の小学校の中にあるので，地域の子どもたちの活動を間近に見ながら，地域の方々に見守られながら，積極的に地域にかかわって学校生活を送っています。知的障害養護学校として蓄積されてきた教育技術に加え，自閉症の障害特性に応じた教育の検討を進めてきています。

### 1. 自閉症児学級編制の経緯

　清水分校の児童生徒は，清水分校ができるまでは静岡北養護学校に通っていました。静岡北養護学校は小学部から高等部までで300名余りの児童生徒がいます。小学部には1学年20名前後の児童が在籍し，3～4学級に分かれていました。どの学級も同じような構成になるように，様々なタイプの児童で学級編制をしていました。年々，自閉症といわれる児童が増え始めると，教室を飛び出した児童を教師が追いかけ，ゆっくりな児童は教室に取り残され……などといったように，行動が速い子は待たせるこ

とが多くなったり，行動がゆっくりな子はせき立てることが多くなるなど，個への対応が中途半端になりがちで，学級集団として運営することに無理が生じてきました。教師が個々に努力はしていましたが，一貫性を持って系統的に教育を展開することの必要を感じていました。

そこで，より有効な教育方法を探るため，平成7年に試行的にある学年で行動のペースや社会性等の発達段階の近い児童同士で学級編制を行いました。現場の必要性から生まれた実践が自閉症児学級の試みでした。自閉症児学級では教室経営，日課，コミュニケーション，課題の組み立てや提示の仕方等，自閉症の障害特性に特化した工夫をしていました。

その結果，今，何をすればよいか，児童自身が見通しを持って活動することができるようになったり，教師と児童で伝え合うことがよりわかりやすくなったりして，安定した学級経営ができるようになってきました。具体的には，

〈児童のあらわれ〉
- 児童自身が環境の把握をし，自分で判断して行動することが増えた。
- 児童の不安が解消し，表情が穏やかになり，問題行動が減った。
- 会活動に参加できるようになった。
- 学習に安定して取り組むことができたため，認知力が向上した。
- 自閉症児以外の児童についても生活のペースが守られ，安定して生活することができた。

〈保護者の反応〉
- 児童の障害や対応について，より理解が深まった。
- 保護者と学校，保護者間の協力体制ができた。

〈教師の反応〉
- 言葉による過剰な指示や，大きな声で児童を後追いし制止する言葉かけが激減した。
- 様々なコミュニケーション手段があるということに気付いた。
- 児童がどのように環境を理解しているかについて考えるようになった。
- 「児童が自分で考えて判断すること」を大事に考えるようになった。
- 保護者とは対峙する関係ではなく，共に考えていく関係であることを強く意識するようになった。
- 障害特性の理解，障害特性に応じた教育についての意識が高まった。

といったような成果がありました。

そうした中で，保護者が児童の変化を実感して障害特性に応じた学級編制や対応について継続できるよう学校に要望書を出して後押しをしてくださったり，同じ学年で経験をした教師が他学年に配属になり，新しい学級で実践したりすることで徐々に理解者が広がり始めました。知的障害養護学校において自閉症の児童の占める割合も増

加し，一部の担任の問題ではなく，皆の共通の悩みになってきたことも影響しました。
　こうした背景のもと，清水分校では設置後3年目から小学部全体で自閉症に特化した教育支援に取り組むことができるようになりました。一貫性，系統性を持った教育の展開をしていくために「小学部の基本的なおさえ（一般知識，基本的な対応編）」「小学部の基本的なおさえパート2（学習内容編）」をまとめた冊子を作成し，全職員で読み合い確かめ合いながら日々の実践に生かすようにしてきました。具体的な実践の様子を紹介します。

## 2．静岡県立静岡北養護学校清水分校小学部での取り組み

　学習効果を上げるためにはまず，安定した状態で学校生活を送ることができるようにすることが第一です。そのため生活の基盤となる学級を障害特性に応じて編制し，個に応じた対応ができるように心がけています。
　そのうえで，児童の理解を助けるために大事にしているポイントは次の3点です。
　A）空間の組み立て＝物理的構造化
　B）時間の組み立て＝スケジュール
　C）活動内容の組み立て＝ワークシステム
　このポイントを押さえながら環境の見直しをし，学習環境の条件を整えたうえで，「何を学ぶか」教育内容を検討し，適切な課題設定をしていくことが大切になります。

### (1) 障害特性による学級編制の実施

　生活の基礎集団である学級を，個々の児童の生活のペース，物事の理解の仕方，刺激の受け方等を考慮して編制しました。単学級学年の場合には学習集団や個々の対応を工夫する等，指導上の配慮をして適切な指導ができるようにしました。

【学級編制上の配慮点】
①生活のペース・行動特性
　　児童の生活のペースが大幅に違うと，行動の速い児童を待たせ，一つの行動に時間をかけることが必要な児童をせき立てる等，対応が不適切になりがちで，どちらにも落ち着いて学習を身につける余裕が生まれません。ただ待っている児童にとって，目的がはっきりしない時間ができると，何をすればよいのかが理解できず誤学習をしてしまうことも多くあります。ペースに合った生活が保障されれば安定して学習に取り組むことができるので，より学習効果を上げることができます。それぞれの生活ペースに合わせた編制，対応をすることが必要です。
②社会性
　　社会性が育っている児童には，友達とのかかわりを重視した指導が必要です。しかし，社会性に障害を持つ児童に同じことを求めていくと，その児童にとっては苦

痛でしかない環境になります。ただ集団に入れれば社会性が育つのではなく，一人ひとりの社会性の発達に合わせて集団規模を考えることが必要です。それぞれの障害特性に応じて，大事にする点が違ってきます。また，児童同士の相性もあるので，お互いがマイナス刺激にならないように関係性を見極めて編制，環境設定，対応を決めています。

③刺激の精選・コミュニケーション

それぞれの児童のコミュニケーション手段に合わせた対応が不可欠ですが，言葉かけを多く必要とする児童への言葉が，聴覚刺激に敏感な児童への過剰刺激になってしまうことがあります。また，厳密に構造化された環境設定が必要な児童もいますし，構造化されていなくても目的に応じて自分で判断することが課題となる児童もいます。多くの刺激を気にせずに活動に集中できる児童もいれば，周囲の人にとっては些細なことでも，それが刺激となって気になって仕方がない児童もいます。安定して活動に取り組むことができるように，障害による様々な影響を考慮するようにしています。

【学習集団の工夫】

生活の基盤となる学級編制だけではなく，学習の目的に応じて，学年学級の枠を超え，柔軟に学習集団（個別・集団の構成や規模のバリエーション）を編制するようにしています。

## (2) 構造化のポイント

### A）空間の組み立て＝物理的構造化

刺激を精選し，活動内容に意識を集中できるようにします。ポイントとして以下の3点に気をつけるようにしています。

①目で見てわかる配置

どこで何をすればいいか，どこに何があるか一目でわかるように配置し，整理整頓をし，写真，絵，文字等で表示をつけています。

②動きのつながる配置

子どもの動きに沿ったものの配置をします。動きが途中で途切れることがないように配置します。動線の間に刺激になるようなものが目に入らないように配慮します。

③活動場所と活動内容の一致

「ここは何をするところか」コーナーごとに目で見て判断できるようにします。

空間を組み立てる（物理的構造化）ことにより，

- 子ども自身が自分で判断して行動することができるようになる
- 教師の余計な言葉かけや手出しが減ることで，静かな落ち着いた空間となる

等の成果があります。

## Ⅱ 教育現場における支援の事例

《具体例》
* **教室**（エリア設定・動線・机配置・座席配置・学習環境）
  教室内で，できるだけ自分で判断して目的に沿った行動が取れるようにします。
- 荷物の整理，着替え，会活動，おもちゃ遊び，学習（個別・集団），給食等，エリアを区切って，目で見て何をする場所かがわかるようにします。
- 児童の動線を考えてエリアを決めます。
- 児童の刺激の受け方や他児との相性によって机配置，座席配置を決めます。

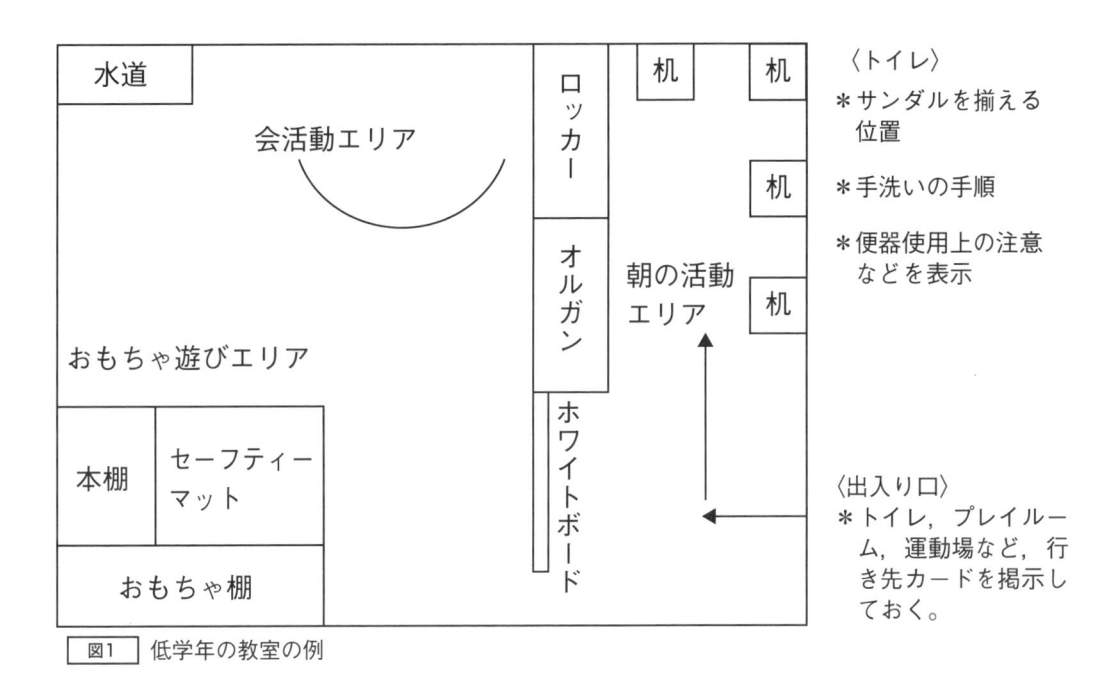

〈トイレ〉
＊サンダルを揃える位置
＊手洗いの手順
＊便器使用上の注意などを表示

〈出入り口〉
＊トイレ，プレイルーム，運動場など，行き先カードを掲示しておく。

図1　低学年の教室の例

■**朝の活動エリア（例）**
　鞄の片付け，提出物の処理，着替えをする場所を示しています。児童一人ひとりの特性に合わせて壁際にしたりロッカーのすぐ近くにしたり，机の配置を工夫します。一人ひとりの活動場所の目の前には，朝の活動でのスケジュールや着替えの手順カードを貼り，指示がなくても自分で行動が取れるようにしておきます。児童によっては教師が立つ位置を工夫することで，刺激を遮断することができます。

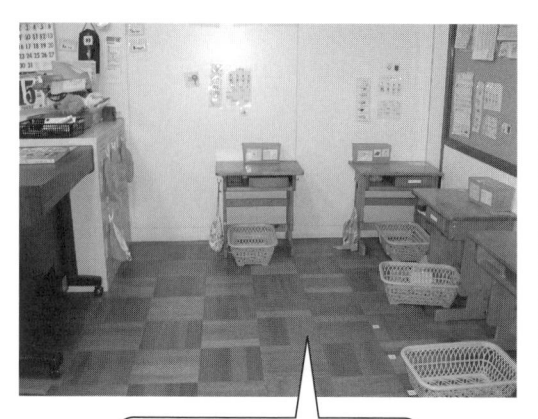

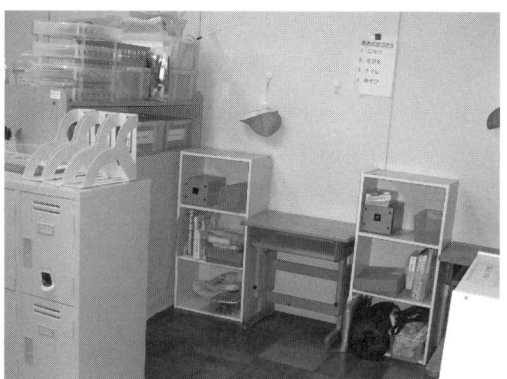

## 第2章 様々な場面における構造化による支援

動線の流れやすい机の配置

ついたてで刺激を遮断

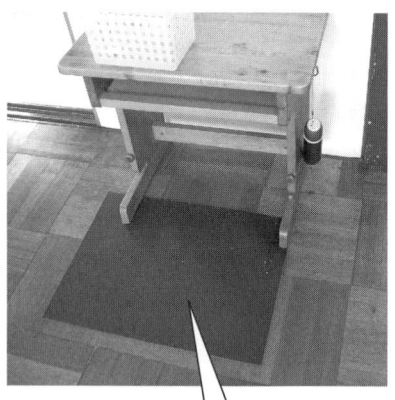

マットで立ち位置を確認

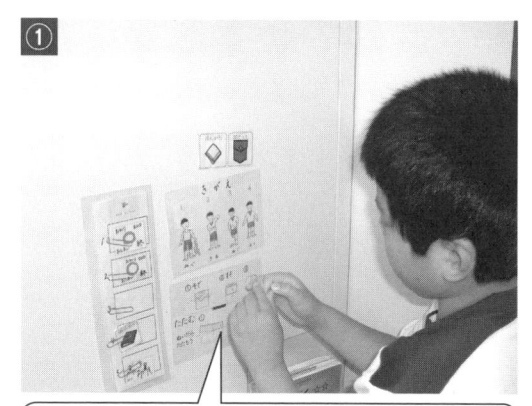

① 一つの活動が終わるたびに自分でカードを裏返し、進行状況を確認する

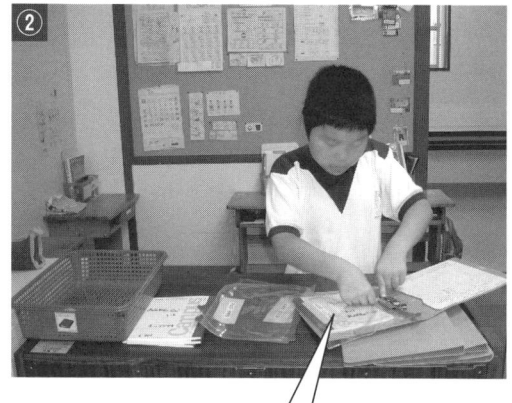

② 自分で次の活動に移る

Ⅱ 教育現場における支援の事例

■スケジュールカード

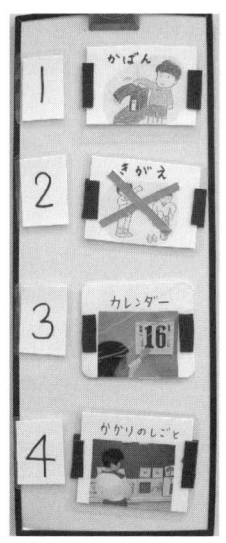

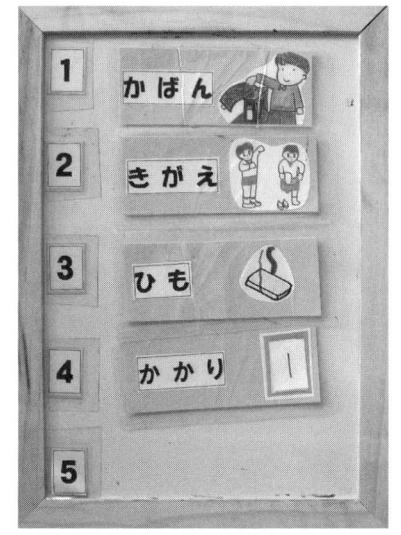

それぞれのスケジュール（文字，写真，絵，実物等で示している）

　スケジュールカードは数字，実物，絵，写真，文字等，一人ひとりの理解に応じて用意します。提示する枚数（知らせる予定数）は，一人ひとりの見通しの幅に合わせます。

　進行を知らせるために，カードを1枚ずつ裏返す，○をつける，外して片付ける等，目に見える形で「今何をやるのか，どこまで完了したか，どこまでやるのか」がわかるように工夫します。

　着替えの手順や畳み方等，児童に応じてわかりやすく示したものを，それぞれの机の前に提示しておき，目に入るようにします。

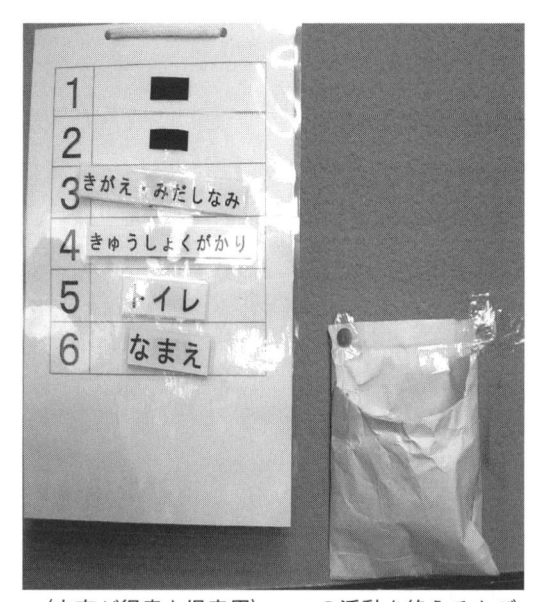

〈文字が得意な児童用〉一つの活動を終えるたびに1から読み直しになってしまうので，終わった順に文字カードを横の袋に入れ，進行を知らせたもの

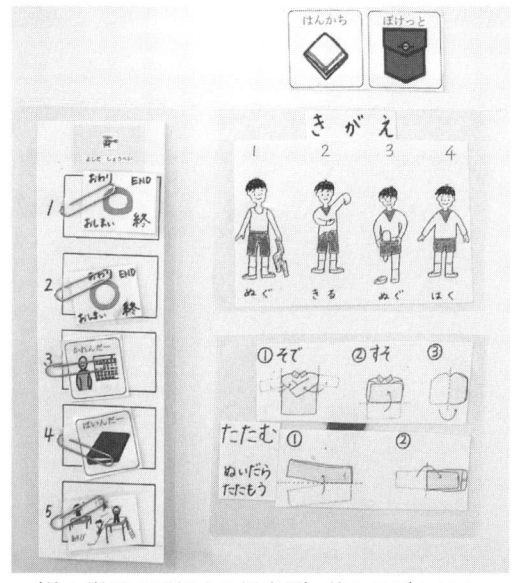

〈絵と単語で理解する児童用〉終わるごとにカードを裏返し，○印や「終わり」が出るようにして進行を知らせたもの

29

## 第2章 様々な場面における構造化による支援

■会活動エリア（例）

　朝の会，帰りの会など，学級児童全員がそろって活動するときや，本の読み聞かせで学年児童全員が集まって活動する時のエリアを設定します。

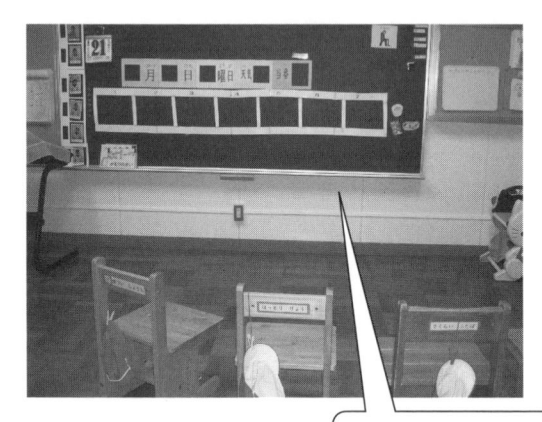

前面黒板に予定の全体表示をする

縦型，横型，大きさ等は児童に合わせて用意

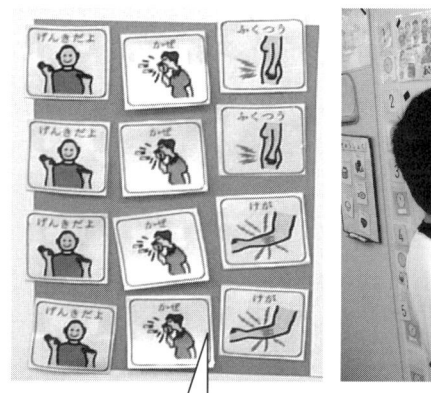

Ⅱ 教育現場における支援の事例

出席調べ，健康調べを写真や絵を使って示す。体の不調を相手に訴えること等，健康状態を伝えることは難しいことなので，毎日の生活の中で教えていく

＊個別のスケジュール提示が必要な児童には，別途用意します。

■おもちゃ遊びエリア（例）

おもちゃ遊びや本読みをする時のエリアを，棚とセーフティーマットで示します。こうしておくことによって，遊んでよい場所や時間を知らせることができます。

遊ばない時間はカーテンで目隠しをしたり，ウレタンマットを立てかけたりする等，目に見える形で示す

第2章 様々な場面における構造化による支援

■ **プレイルーム（例）**

　プレイルーム入り口には，上靴と靴下を脱いで入ることがわかるように，上靴を揃える位置を足形や枠線で示します。プレイルーム内は，学習単元ごとに場の設定を変え，活動の内容が目で見てわかるようにします。

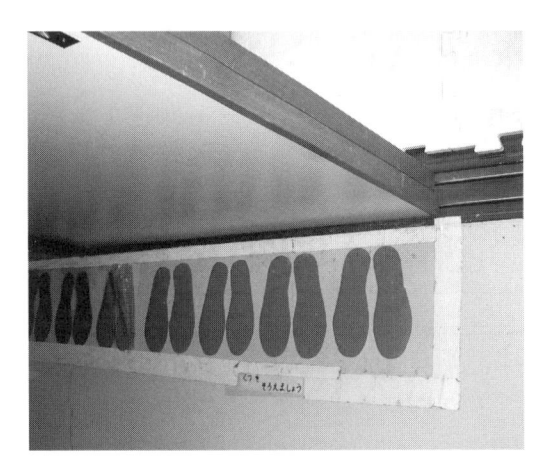

> 一人になりたい時，泣きたい時等，誰にも邪魔されずに気分転換ができるようにリラックススペースを作る

＊**学習の場**（集団学習の場・個別学習の場）

　集団学習の場では，一斉指示の教師に注目できるように机や椅子の位置を設定します。配置を見て，「この設定はみんなと一緒に活動する」という意識付けをしていきます。その際，刺激の受け方や友達との相性，動き等を考慮して座席配置をします。教師の付き方も，常に児童の後ろではなく，場面に応じて横，前，少し離れて……と対応を考えます。個別学習の場面では壁に向く，対面する等，目的に応じて学習に集中できる場の設定をします。

Ⅱ 教育現場における支援の事例

## (低学年の教室の構造化の例)
### ■課題学習場面（例）

児童一人ひとりの特性に合わせて，課題学習コーナーを作ります。

例えば，刺激に弱い児童は壁に囲まれたコーナーに机を設置することで刺激を遮断し，学習課題に集中しやすい環境を作ります。

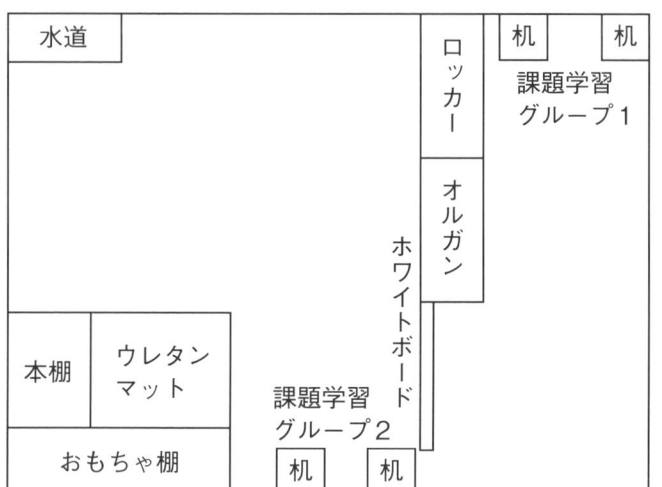

### ■給食（例）

教室にホワイトテーブルを出し，机を並べかえ，給食のマットを敷きます。

給食当番の仕事では，一人で配膳できるようにわかりやすい工夫をします。

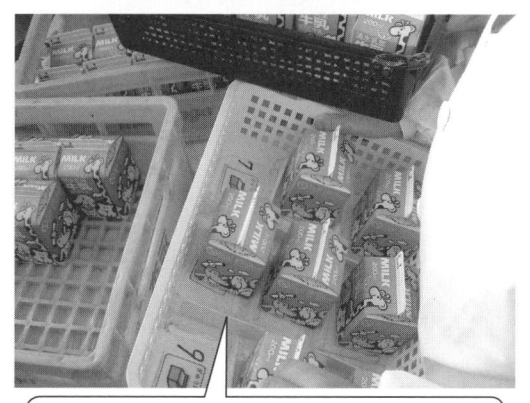

1対1対応で数えるように，かごに仕切りをつける

牛乳を一人ずつに配膳できるように，1対1対応のケースを置く

第2章 様々な場面における構造化による支援

■運動場（例）

　広い場所では自分の位置がわかりにくいので，フープ，マット，ラインなどで立ち位置を示します。活動するときにも，そのつど，何をすべきかを目に見える形で提示します。コーン，ライン，教師の立ち位置等で活動範囲がわかるよう示します。

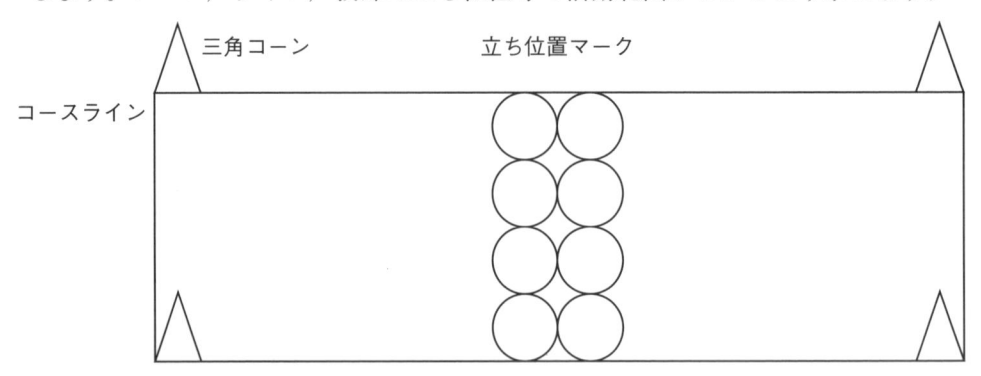

三角コーン　　　　　　立ち位置マーク
コースライン

目印のコーン，ライン等

足下に円を描き，立ち位置を示す。最初は目立つフープを目印に置き，立ち位置の目印に気付くようにする。徐々にフープから地面に指で線を描いただけの目印に移行していく

34

## Ⅱ 教育現場における支援の事例

### B）時間の組み立て＝スケジュール

視覚情報を活用し，見通しを持って生活ができるように，子どもの理解力に応じて

- 今取り組むこと
- 1単位時間内のスケジュール
- 1日のスケジュール
- 1週間のスケジュール
- 年間のスケジュール（単元，月，年のカレンダー）

を必ず事前に提示します。つながりがわかるように，同じカードを使って示します。

■**年間カレンダー（例）**

年度初めや学期初めに，年間の見通しを持つために，児童と一緒に主な学習内容を確認し提示していきます。実施後には活動の写真を貼り，振り返ることができるようにしておきます。

■**単元カレンダー（例）**

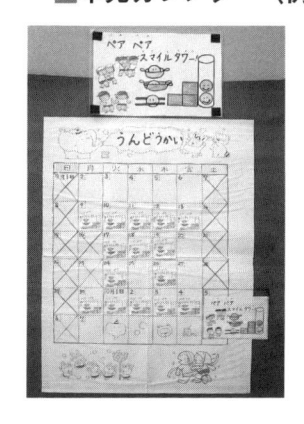

学習ごとに見通しが持てるようにカレンダーを作り，学習時に提示します。カレンダーに予定カードと同じものを貼ることで，この学習がある日，ない日を知ることや，終わったら印をつけることで進行状況を知ることができます。この例の運動会単元のように，発表当日がいつかを知り，その日に向かって自分で目標を持って学習に取り組むこともできます。

■**1週間のスケジュール（例）**

少しずつ見通しの幅をつけていくために，1週間のスケジュールを一覧できるように表示します。1日終わるごとに裏返したり片付けたりして，日の進行がわかるようにします。日頃から目にしていることによって徐々に先の見通しを持つことができるようになっていきます。お便り等でも同じように1週間のスケジュールを知らせます。

## 第2章 様々な場面における構造化による支援

■**1日のスケジュール（例）**

1日のスケジュールは，1時間終わるごとに予定カードをはずす，裏返す，○を付ける等して進行状況を伝えます。時計や時刻，順序数等も合わせて教えることができます。

曜日，日付の理解を進めることにもつながる

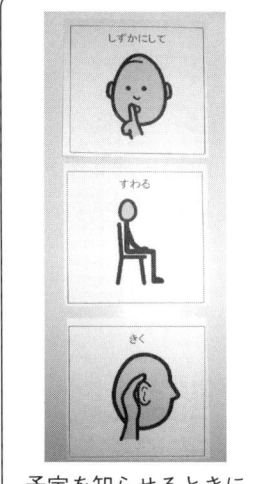

予定を知らせるときに，この時間の約束をあわせて提示したもの

例えば，これは「1授業（「スマイルタウン」）だけ着替える」ことがわからず混乱した児童に対して，「この時間だけ着替え，授業が終わったら元に戻ることができる」ことを知らせるためにその場で書き，予定カードの横に貼って伝えたもの。すぐに理解することができた

## Ⅱ 教育現場における支援の事例

■**1単位時間内のスケジュール（例）**

どの授業でも必ず，最初にスケジュール提示をします。

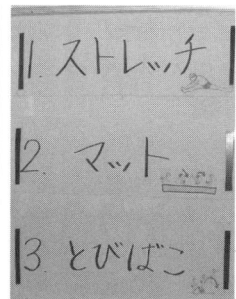

めくり式や一覧式等，形は理解に合わせていろいろ

■**儀式等でのスケジュール（例）**

始業式，終業式，入学式，卒業式等，儀式でも日頃から見慣れている形式のスケジュール提示をします。全体に見えるところに提示することで注目し，進行に合わせて○を付けていくことで見通しを持つことができ，落ち着いて参加することができます。

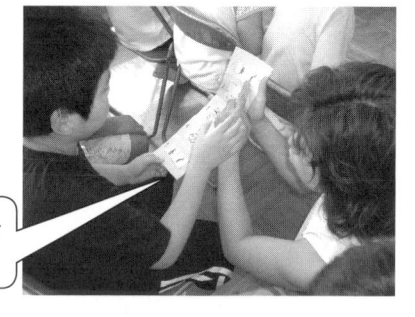

個別にスケジュールや約束が必要な児童には，個別に用意する

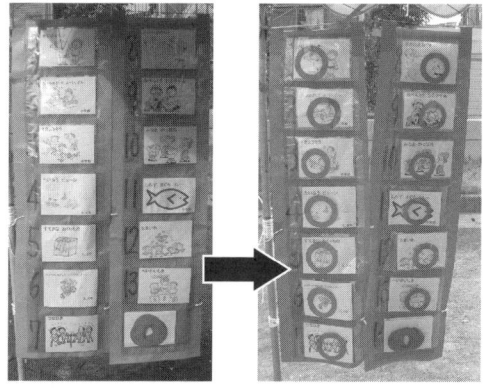

運動会スケジュールは各組テント内に一つずつ提示する。○を付けたり勝ち組の印を付けたりして全員で見る

運動会開会式，閉会式も同様。指令台の横に置き，注目できるようにする

37

## 第2章 様々な場面における構造化による支援

### C) 活動内容の組み立て＝ワークシステム，視覚的情報を用いた教材の工夫

スケジュール提示した一つ一つの活動について，「今，何に取り組むのか」「どのくらいやるのか」「終わりはいつか」「次は何をするのか」がわかるように，そのつど提示します。動線や配置，活動内容のリストや手順表等で知らせます。

■図画工作・遊びの指導・生活単元学習等

- 授業の予定カード
- 手順を左→右に示す 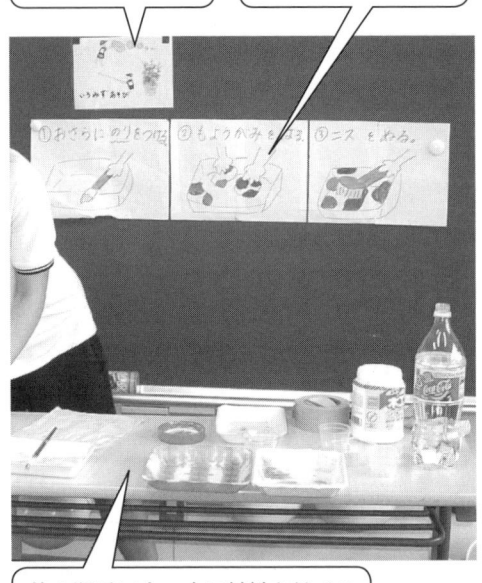 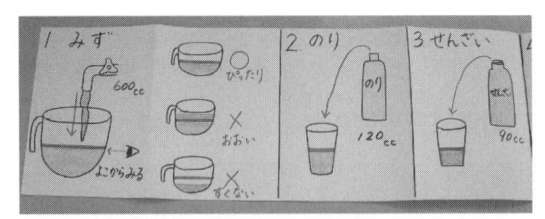 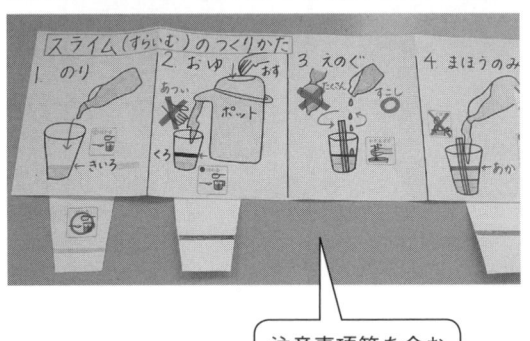
- 使う順番に左→右に材料を並べる
- 注意事項等を含む 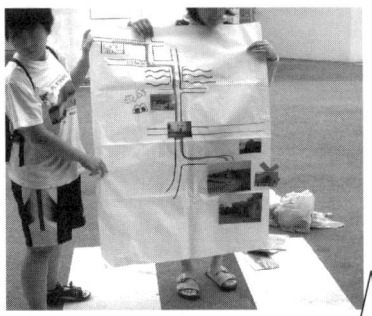 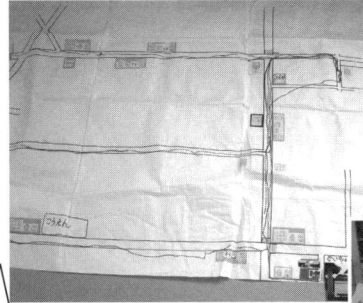
- 出かけるときには地図で行き先や経路を必ず確認する（全体，個別） 
- 全体での説明の後，個別に絵や文字を書いて見せ，約束を確認

＊物を作る学習では，絵入り説明書や材料一式をセットにし，キットにして児童に渡すこともあります。

Ⅱ 教育現場における支援の事例

■体　育

やり方を絵に描いて説明する。実際にやって見せたほうがわかりやすい児童には実演する。回数や終わりの時刻等，わかりやすい方法で事前に知らせる

例：サッカーでは立ち位置や蹴る方向にラインを引いて，どこからどこに向かって蹴るのかをわかりやすくする。相手に向かって蹴ることがわかったら，ラインは消していく

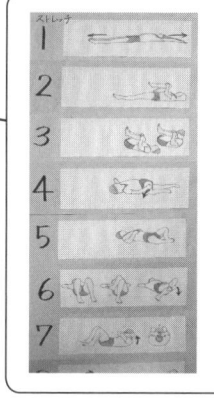

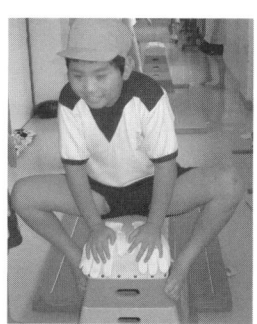

ストレッチの姿勢を順番に示したもの。模倣のほうがわかる児童には隣で教師が模範を示し，介助が必要な児童には教師が手を添える等，教え方，並び方も工夫する

手を着くところ，足を置くところ等，目で見てわかるように目印を付ける

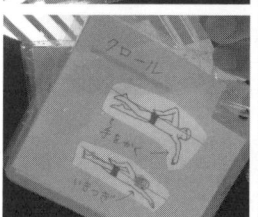

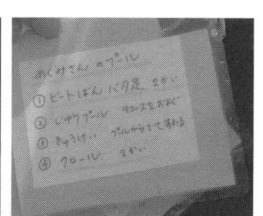

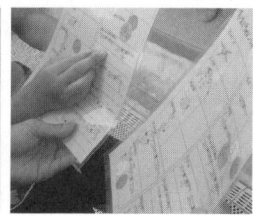

プールの約束やめあての個別カード

39

## 第2章 様々な場面における構造化による支援

■音　楽

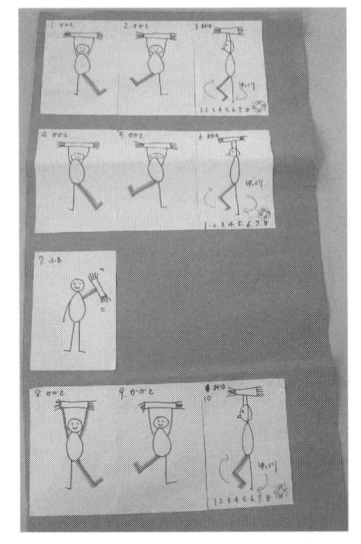

踊りの振り付けを絵で示します。ポイントは色を変えて目立つようにします。

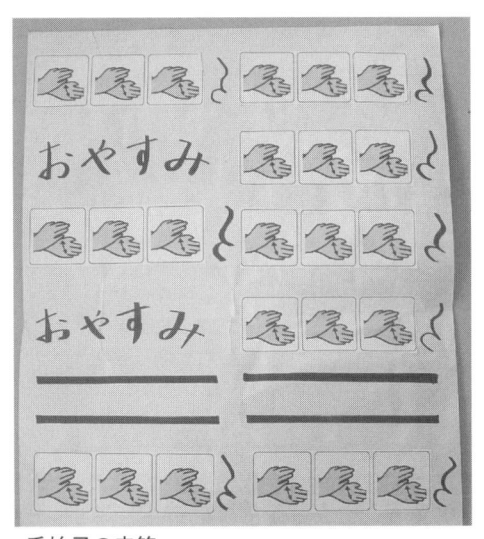

手拍子の音符

色音符を鍵盤にも付け，自分で弾くことができるようにする

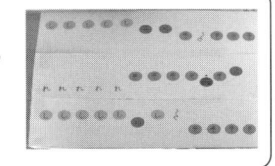

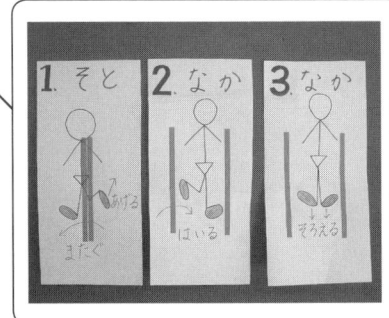

例：バンブーダンス
やってみせても手を添えてもうまくできなかったが，絵に描いて示したら一回でできるようになった

Ⅱ 教育現場における支援の事例

■国語・算数
＊一つのコンテナを使ったワークシステム

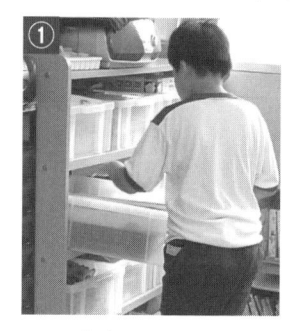

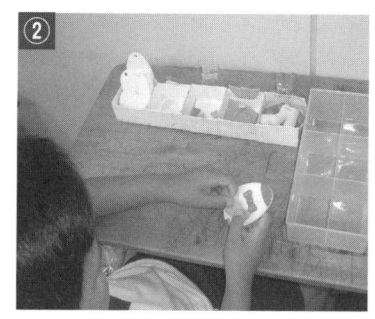

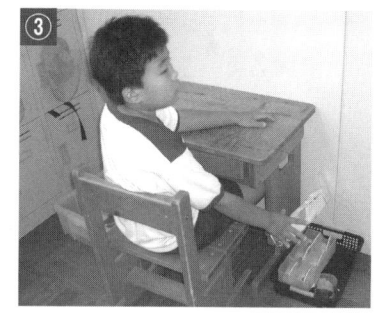

1)自分で課題の入ったコンテナを取りに行き、机まで運んでくる。自分の左側に置く。
2)課題を取り出し、左→右のワークシステムに従って作業課題を行う。
3)作業課題のパーツがなくなり、すべてが仕上がったら右のコンテナに入れる。
4)次の課題を左のコンテナから出す。
5)左のコンテナが空になり、学習の終わりがわかる。


＊課題とかごを1対1対応にしたワークシステム

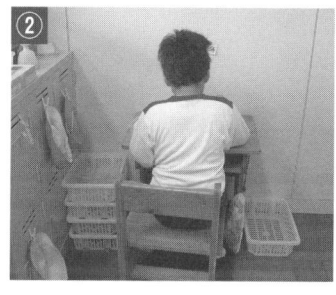

1)かごのセットを取りに行き、机まで運び、左側に置く。
2)かごを上から順に取り、やり終えたら右側に積んでいく。
3)左側のかごがなくなり、右側に全部移ったら学習が終わりであることがわかり、元の位置に片付けに行く。

第2章 様々な場面における構造化による支援

**＊カードや引き出しを使ったワークシステム**

1) スケジュールの順番に従ってカードを取り，引き出しに行く。
2) 同じカードのインデックスの付いた引き出しにカードを差し，中から学習課題を取り出す。

写真を使ったスケジュールカード

引き出しにも同じカードを貼っておく

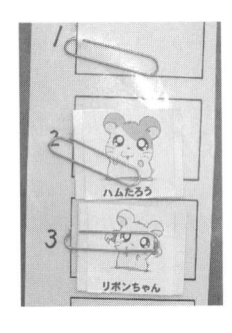

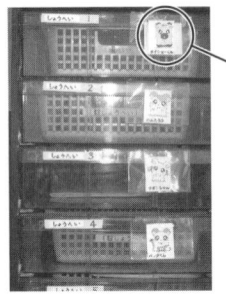

＊インデックスに使うカードは児童の興味のあるものにすると学習の導入の動機付けになる

■ 掃　除

順序数に従って，自分で床を拭き進む

ぬらしてまいた新聞紙を，ちりとりに向かって掃き集める

拭く順番に床に順序数を貼っておく

拭く係の手順表

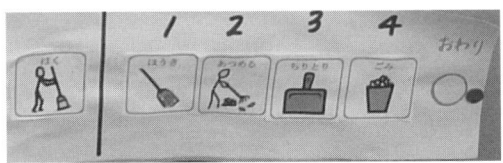

掃く係の手順表

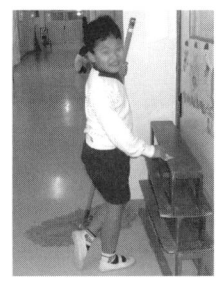

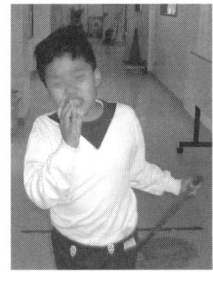

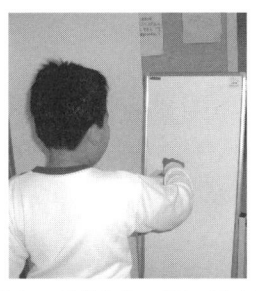

Ⅱ 教育現場における支援の事例

モップかけ：カードを持って廊下端のケースにカードを入れ，戻ってくる。
カードの枚数だけモップかけの往復をし，カードがなくなったら終わりがわかる

■着替え・歯磨き等，身辺自立に関するもの

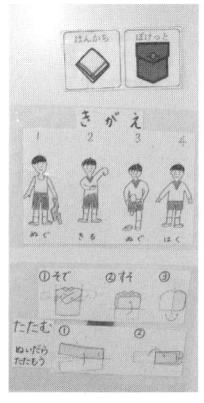

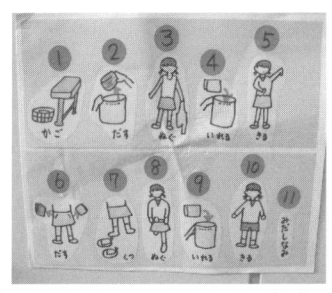

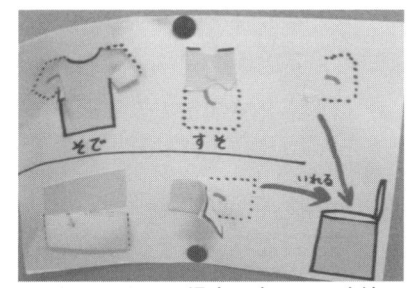

絵で示したり，ミニチュアで操作できるようにしたり，児童に合わせた方法で伝える。工程数も児童に合わせ，細かいほうがわかりやすいか，単純に伝えたほうがわかりやすいか等を考慮して用意する

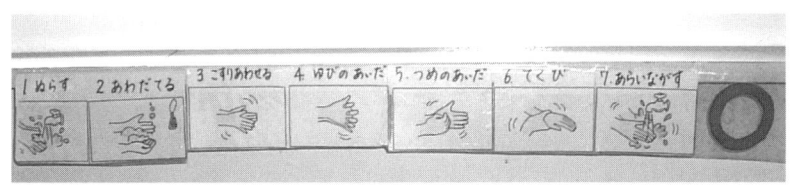

歯磨きの仕方，手洗いの仕方も児童に合わせて工夫する。回数を数えることで磨くことができる児童には，シールを回数分貼っておいて指さしで数えるようにしたり，数字を回数分書いておいたりする。トイレでの後始末の仕方等も同様に個室に貼っておき，伝える

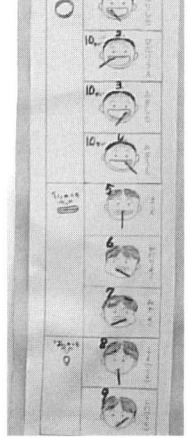

\* 生活全般について，視覚的情報提供を心がけます。ただし，視覚的情報提供も多すぎては過剰刺激になってしまうので，必要なときに必要なだけ提供するように考えます。

\* 伝え方は，あくまでも一人ひとりの児童の理解の仕方に合わせることを忘れないようにすることを大切にしています。

## (3) 教育内容の検討

　構造化によって学習環境を整えたうえで,「何を学ぶか」を検討していきます。構造化自体が生活の学習として大きな意味があります。さらに認知発達をより促していくために,児童一人ひとりの認知発達段階や行動特性等,児童の全体像の把握をし,「もう少しでできるようになりそうなこと」を課題としていきます。そのために発達検査,知能検査,日常観察等の評価を生かし,保護者と相談のうえで発展的見通しを持って生活への広がりを考慮して設定していきます。課題は,児童一人ひとりの生活で必要なことを優先課題として取り上げていくようにします。

　大切にしたいことは,
　A）適時性を考慮する
　B）子どもの興味・関心を生かす
　C）楽しく学習することができる
　D）児童一人ひとりに合わせて教材・教具を工夫する
　E）生活場面で意識的に取り入れる
　F）自立（一人でできる）ことを目標にする

ということです。国語・算数では,以下のことを考慮して組み立てをしています。

### 【1単位時間の組み立て】

1対1課題＝「もう少しでできるようになりそうなこと」を1対1で教える。

自立課題＝「できること」「できるようになったこと」を一人でやり,教師は見届けをする。

お楽しみ課題＝「得意なこと」「好きなこと」を導入や最後のごほうび課題とし,動機付けにする。家庭での余暇につなげる。

　これらの組み合わせで,複数の児童の個別学習を同時に進めていくようにしています。もちろん,学習課題によって個別学習ではなく,集団学習になることもあります。前述したように,時間内のスケジュールや学習の進め方を構造化して児童に伝えています。

### 【教材・教具の工夫】

①具体から抽象へ,単純から複雑へ,発展させていく。

②子どもの認知特性,操作能力,興味・関心に合わせる。

③作った課題や教材・教具に固執せず,子どもの反応を見て軌道修正したり教材・教具を差し替えたり,臨機応変に行う。

　以上の3点に気をつけて教材・教具を準備していきます。なかなか成果が上がらない場合は,課題が適切かどうか,はたらきかけが適切かどうか,いつまでもやり続けずに見直しをしていくようにします。

**【授業見直しの視点】**

児童一人ひとりの行動特性を考慮して，学習内容に次の視点を盛り込んでいくようにします。

- 環境設定（机の配置，教員の立ち位置，他児との座席配置，刺激の調整等）
- スケジュールの提示方法
- １時間内の課題の構成
- 児童一人ひとりの課題達成感（課題が「できたか」「できていないか」をどのように子どもに伝えているか，どうすれば子どもにとってわかりやすいか）

また，コミュニケーションの力や行動マネジメントの力をつけるために，児童自身が，

\*自分で判断する

\*自分で納得する

\*自分で行動する

ことができるような状況を作ったり，児童にはたらきかけたりすることを念頭に置くようにしています。

## A）コミュニケーションの力をつけるために

①コミュニケーションマインドをまず育てる。

　「伝えたらよいことが起きた」「伝えたら欲しい物が手に入った」など，伝えることによってプラスの経験を積み重ね，伝えようとする意欲を育てる

②要求が通るときと通らないときがあり，時と場合によるということを学ぶ。

③思い通りにならないときの気持ちの切り替え方を学ぶ。

④表現が適切ではないときはより社会的に受け入れられる代替手段に置き換える。

ということを考えて段階的に進めています。言葉の指導や文字の指導ばかりを急がないように，児童一人ひとりのコミュニケーションの力を正しく知るために，表出コミュニケーションと受容（理解）コミュニケーションは別物として評価していきます。特に混乱が予想されるときには，いちばん容易に理解できる手段を用いるようにしています。

行き先の写真カードを指さして伝えてから出かける。要求度の高いところ（遊び場，トイレ等）から始めると，伝えることへの動機付けが強いため身に付くのが早いことが多い

第2章 様々な場面における構造化による支援

> パンを

> 食べる

　行き先カードで自分の意思が伝わることがわかった後，カードを使って自分からコミュニケーションを取ろうとするようになりました。自分でポーチからカードを出し，「パン」を「食べる」とおかわりの意思を伝えているところです。

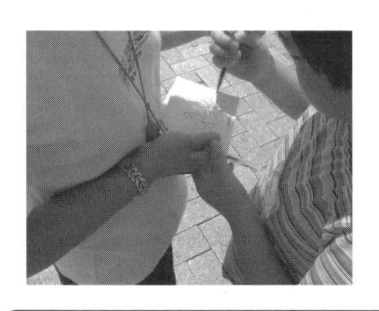

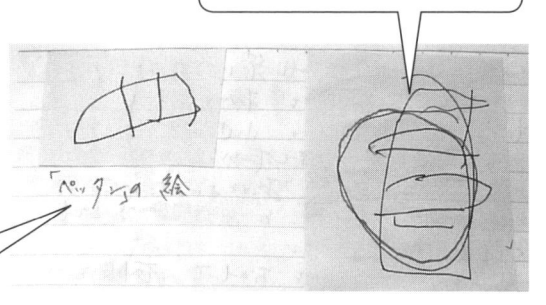

> 広場の階段を見に行きたくて，「かいだん，まる」と言いながら描いて伝えてきた絵

> ばんそうこうが欲しくて，「ペッタン」と言いながら描いて伝えてきた絵

　教師が描いて伝えることを繰り返すうち，描けば伝わることがわかり，自分で描いて伝えようとするようになりました。

### B）行動マネジメントの力をつけるために
①肯定的にはたらきかける
- ×（やってはいけない）だけではなく，必ず○（代わりに取るべき行動）を教える
- 気持ちを受け止めたうえで，今やるべきことは何かを明確に伝える
- 予想されるときには事前に約束をしておく
- 課題学習場面でソーシャルスキルに関することを学習しておく　等

②教師自身がこだわり行動にこだわらない
- 予防，回避ができるようにする
- さりげなく目先を変えるはたらきかけをする
- 切り上げるタイミングを見計らってはたらきかける
- どうしてもなくさなければいけないこだわりであるのか，どこに問題があるのかをよく考える　等

③スモールステップで課題設定をする
- いきなり高い課題設定をせずに，児童一人ひとりの段階に応じて少しずつ進める
- 本人が納得して行動を起こすまで，必要な時間を考えて対応する　等

1) 道の向こう側のペットショップに行きたくなって，思わず座り込む
2) 教師は保護者から最近の興味・関心がペットショップにあることを聞いていたので，すぐに理由を察知でき，まず気持ちの受け止めをした

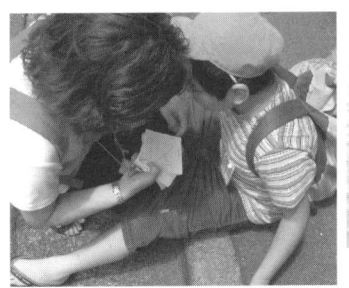

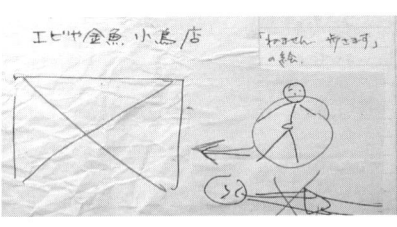

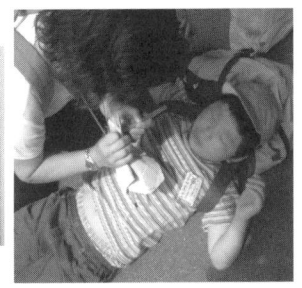

3) でも今は行けないことを×印で伝えた
4) 学校に向かって歩くことが○，寝そべることが×であることを伝えた
5) 寝そべりながらもよく見ている

6) 言われたことはよくわかるが，気持ちの整理がつかず，怒りながら跳ね起きる
＊どうすれば○で，どうすれば×かは理解できている。感情の整理がつかないので，わかりながら怒っている状態……でも自分で起き上がった

7) おもしろくないなぁ……と思いながら，諦めて歩き始める
＊この後，もう1軒ペットショップがあったが，もうわかったので，素通りをすることができた

自分で納得して歩き始めるということが大事なので、この場合は時間がかかっても納得する時間を大事にします。取るべき行動と理由が本人にわかるようなはたらきかけをして、決定は自分でできるように待つようにします。

こういうことを繰り返すことによって、気持ちの切り替えに要する時間が短縮され、ほんの少しのはたらきかけで自分で気付くことができるようになっていきます。

## 3．家庭との連携

児童一人ひとりへの支援の仕方は家族と共有することが大切です。「こういうときは、こうするとよくわかった」とか「これは失敗した」ということや、「今これに興味がある」「今これに敏感に反応する」等の情報交換を常日頃からしておくことで、児童の状態の理解や対応がよりよい方向に向かいます。理解や対応について周囲の共通理解を進めておくことが児童にとって大きな力になります。

家庭での対応を考えるときには、まず学校で使えるようになった手段を家庭に持たせるようにしています。できるだけお互いに情報を提供し合い、一緒に考える機会としています。作業も一緒にしながらアイデアを出し合って作ることもあります。また、家族から教えてもらうこともたくさんあります。

「どう伝えればよりわかりやすいか」がわかってくると、家族も教師も考えて工夫をすることや作ることが楽しくなってきます。児童の反応を確かめながら家族と工夫を重ねていくことは、強い連携にもつながっていきます。

## 4．まとめ

清水分校小学部として共通の取り組みを始め、今までのそれぞれの「点」の努力が「面」になり、組織で共通認識を持って取り組むことの成果の大きさを感じています。自閉症や発達障害の児童のために取り入れ始めた構造化のアイデアでしたが、結果的にどの児童にとっても有効であると、日々の実践で力強く手応えを感じています。児童の側に立ってものの感じ方や考え方を見直すことの大切さ、前向きに工夫するための柔軟な思考の大切さは障害の有無にかかわらず大切なことです。安定した学校教育の中で確実に力をつけ、社会に出ていくことができるように、系統性、一貫性のある教育の確立をしていかなければなりません。基本的な考え方を共有しながら、皆の工夫を積み重ね、財産として積み重ねていくことが大切です。また、児童一人ひとりが地域社会で温かく見守られ生き生きと生活できるように、周囲と共通理解を進めるための取り組みを保護者とともに進めていきたいと思っています。

（弓削香織）

## 事例4

## 多動で感覚の過敏な自閉症児に対する物理的構造化と視覚的スケジュール,およびAACを用いた支援

### 1. 対象とする自閉症児の特徴

　A君,特別支援学校小学部1年。就学時のアセスメントでは,太田ステージ検査(Ⅲ-1),国リハ式言語発達遅滞検査(S-S式段階3-2),田中ビネー知能検査(IQ測定できず)。愛の手帳2度(重度)でした。言葉は,「イヤー,アー」等の発声のみで,簡単な単語,動作,写真や絵などは理解でき,視覚的な理解が優位で,言葉での指示理解やコミュニケーションが難しい段階でした。CARS(p.118 **コラム3参照**)は48で視覚や聴覚(声の高さ,子どもの泣き声が苦手),触覚(熱いご飯しか食べられない,触られるのが苦手),味覚等の感覚刺激に過敏で特別な配慮が必要でした。学校や家庭,学童保育では短時間の着席はできますが,部屋の中を常に動き回り,活動が理解できないとき,やりたくないことを強制されたり,思っていたことと違うとき,要求が通らないときに頭突きや周囲の人を叩いたり,自分の頭を床や壁にぶつけるなどの行動が見られました。

### 2. 支援の内容

　こうした評価と家庭および就学前施設からの情報や直接行動を観察して,視覚的にわかりやすい環境の整備やスケジュールの提示,サインや絵カード,VOCAを用いてコミュニケーションできるようにすること,敏感な聴覚刺激への配慮としてラジカセやマイクの音量や音質,声の大きさ,高さ,強さの調整をすることが必要であることがわかりました。

**【環境の調整】**

　写真1,図1に示すような教室環境の構造化を行い,なるべく1場所1活動にして,どこで何をするのかをわかりやすくしました。特にカームダウンエリア(気持ちを切りかえる場所)とプレイエリアにはソファーを置いたり,好きな絵本やおもちゃ,感覚遊びの道具を置くなどしてできるだけ心地よい場所になるよう配慮しました。

# 第2章 様々な場面における構造化による支援

写真1　発泡スチロールボード

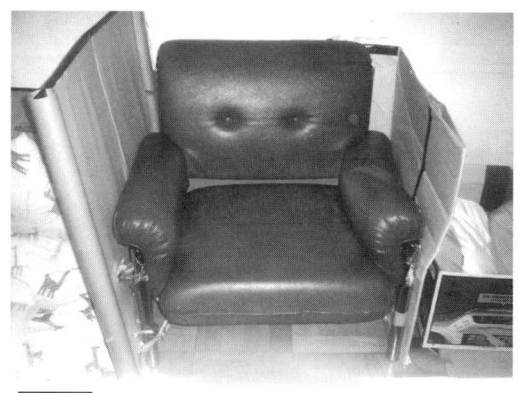

写真2　カームダウンエリアのソファ

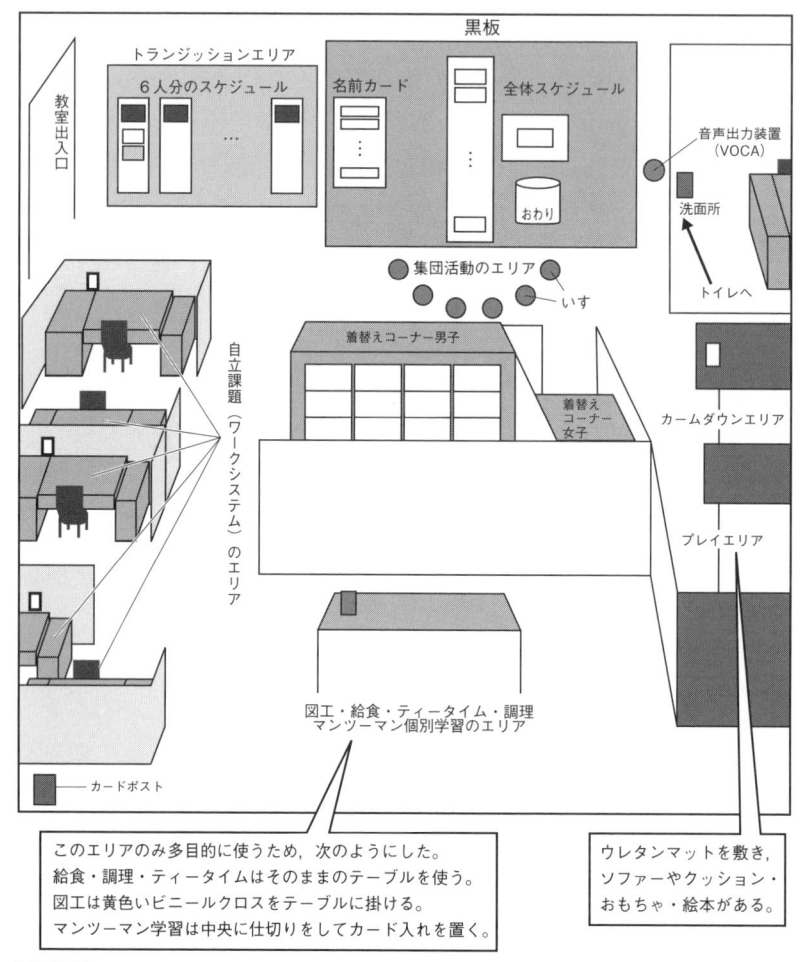

このエリアのみ多目的に使うため，次のようにした。
給食・調理・ティータイムはそのままのテーブルを使う。
図工は黄色いビニールクロスをテーブルに掛ける。
マンツーマン学習は中央に仕切りをしてカード入れを置く。

ウレタンマットを敷き，ソファーやクッション・おもちゃ・絵本がある。

図1　環境調整（教室のレイアウト）

Ⅱ 教育現場における支援の事例

　また，1学期には，混乱すると窓ガラスや壁への頭突きが見られたので，怪我をしないように強化ガラスに発泡スチロールボードを貼る（**写真1**）などの安全対策を行いました。
　朝の着替えや持ち物整理のコーナーでは，混乱しないよう，**写真3**のような手順表を貼っておき，**写真4，5**のように置き場所にも写真を貼り，わかりやすくしました。

写真3

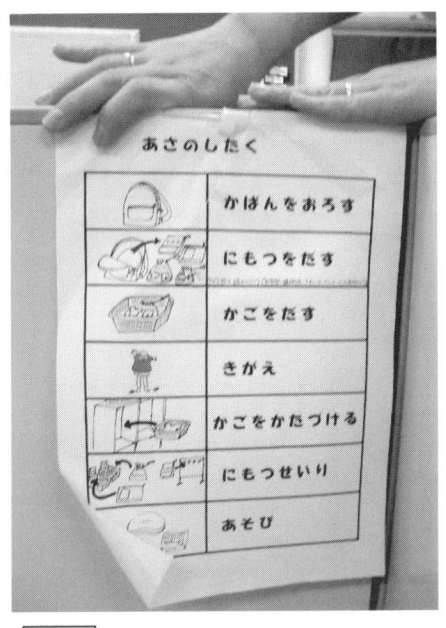

写真4

写真5

　持ち物の袋は，家庭と協力して，中身をわかりやすくするために**写真6，7**のように，絵をアイロンプリントで貼り付けました。

写真6

写真7

51

第2章 様々な場面における構造化による支援

　課題エリアでは、まず**図2**のようなワークシステムを用いて自立課題を行うようにしました。そのワークシステムに慣れてきたら、**写真8**のように課題を棚に入れ、行う順番を数字で示し（**写真9、10**）、できた課題を棚に戻すようにして、より本人がわかりやすい方法へと変化させていきました。

---

**ワークシステムに沿って課題に取り組む**
1. 次の情報をわかりやすく伝え、自立して課題に取り組めるようにします。
　「具体的にどんな内容か（活動の内容）」
　「どのくらいのことをするのか（活動の量）」
　「どうやったら終了なのか（終わりの概念）」
　「終わったら何があるのか（次の出来事）」
2. 具体的には、
　①左に置いてあるかご（活動の量）を上から一つ取る。
　②かごの中の課題（活動の内容）に取り組む。
　③終わったら、右側にある終わりの箱（フィニッシュボックス：終わりの概念）に入れる。
　これをくり返して、3個から4個の課題を行い、最後のかごに入っている【できましたカード】（次の出来事）を取って先生に渡して報告します。

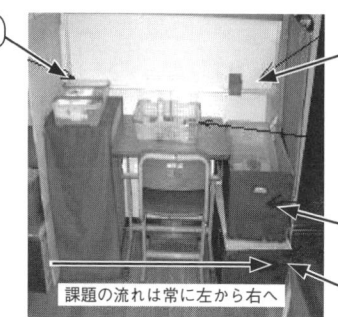

（写真の吹き出し）
- 次の課題のかご
- この色のカードを持って移動して、自分で同じ色の箱に入れ、着席
- やり終えた課題のかご
- 課題の流れは常に左から右へ
- 終わりの箱（フィニッシュボックス）

3. 注意すること
　※課題は、必ず自分一人でできる無理のない課題を設定し、カゴの中の課題も視覚的にわかりやすく組織化してあります。個々の集中力をみて課題の量や内容を調整します。

---

図2　ワークシステム

写真8 　写真9 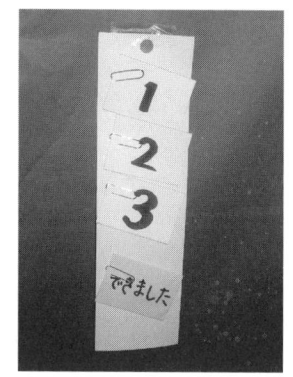　写真10

## 3．スケジュール

　写真11，12に示すように，朝の会での全体用（**写真11**）と個別用（**写真12**）の2種類を絵やシンボル・写真を使って作成しました。個別スケジュールの使い方（**写真13**）は，カードを持って次の活動場所に移動するカードマッチング方式を取り入れました。全体提示用のカードは，朝の会で1日の予定を確認するために使います。個別のスケジュールは，本人の好きなキャラクターをトランジッションカードにし，色を統一して自分のスケジュールを見分けやすくしました。カードは，将来への般化を目指して移動先の部屋のシンボルマーク（色付き・全校表示）を使いました。

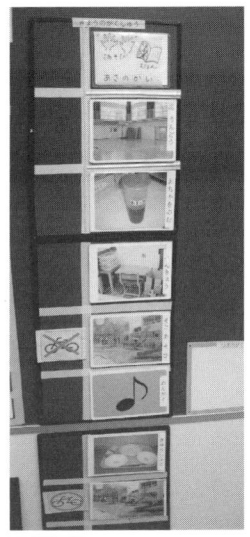

> **スケジュールの使用方法**
> ①教員からトランジッションカードを受け取り自分のスケジュールの場所へ行きます。
> ②カードを上のポストに入れて次の活動のカードを取ります。
> ③カードに示された活動場所に移動し，カードと同じ表示のある教室のポストに入れます。
> ＊スケジュールカードの準備などの管理は，教員が行います。
>
> 次の活動（全校表示シンボル）
> トランジッションカードポスト（個人のマーク）
> ティータイム（個別に違う）
> 自立課題（各課題机別の色）

**写真11** 全体掲示用スケジュール

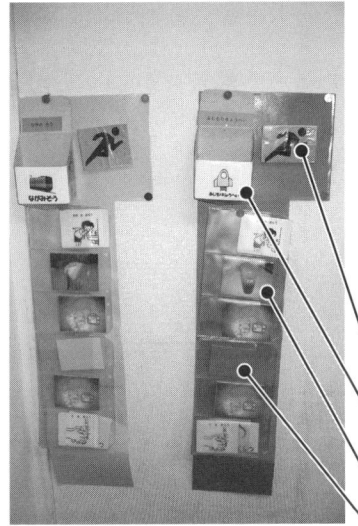

**写真12** 個別スケジュール

**写真13-1** トランジッションカードを入れる

**写真13-2** 次のスケジュールカードを取る

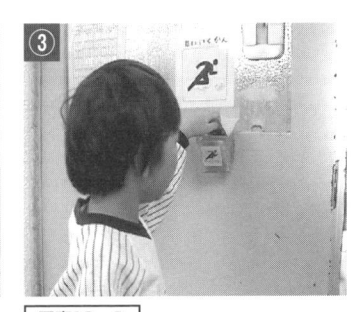

**写真13-3** 移動先のポストに入れる

第2章 様々な場面における構造化による支援

|写真14| マンツーマン課題のカードとポスト
|写真15| |写真16| カードポスト（ほとんどの特別教室に設置してある）

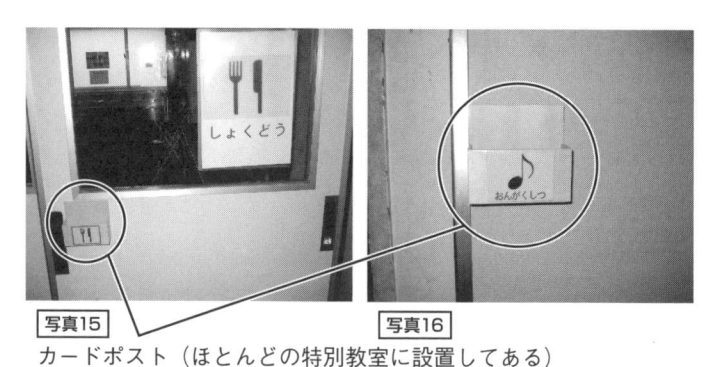

【コミュニケーション】

　やりたいことを自分から伝えるための絵や写真カードとVOCA（ボタンを押すと音声の出るミニメッセージメイト），できることとできないことをこちらが伝えるカードを用意し，丁寧に使い方を教えながら実際に使えるようにしていきました。

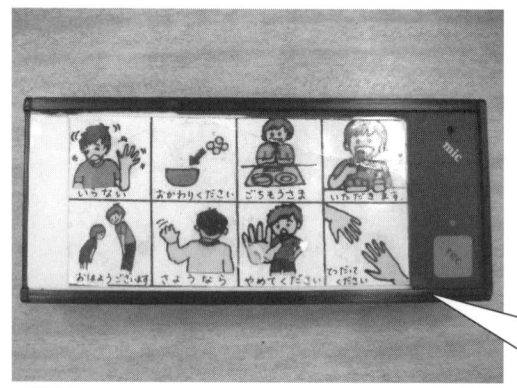

「いらない」「おかわりください」「てつだってください」「やめてください」など

|写真17| ミニメッセージメイト（VOCA）

「ご飯を温めてください」

|写真18|

Ⅱ 教育現場における支援の事例

休み時間に、やりたい教材や玩具のカードを自分で選んで先生に渡すと、棚から取ってもらえます

写真19 教材カード

写真20 教材棚
（児童が届かない高さ）

## できること，できないこと，してはいけないことをこちらから伝えるカード

注意：できないことやいけないこと（否定）を伝える時は必ず，できること良いこと（肯定）を一緒に伝えます

写真21 自転車に乗れます

写真22 自転車に乗れません

写真23 椅子に座ります
机に座りません

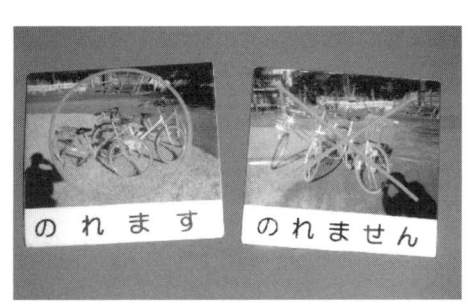

写真24 児童用の自転車に乗れます
大人用の自転車に乗れません

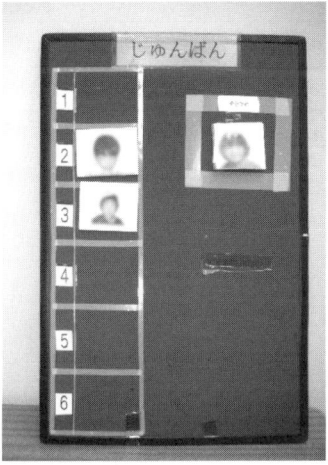

写真25 順番表：
自分がいつできるのか
を伝える

55

## 4. 支援の結果

　視覚的にわかりやすい環境を整備し，絵や写真などを用いたスケジュールやコミュニケーションの支援により，自ら適切に判断し自立して行動する場面が見られるようになりました。また，今何をする時間かがわかると，着席して活動に取り組めるようになりました。

　コミュニケーションの面では，カードやミニメッセージメイトを使って少しずつ自発できるようになり，自分の要求がきちんと伝わることでパニックや多動なども図3のように激減しました。

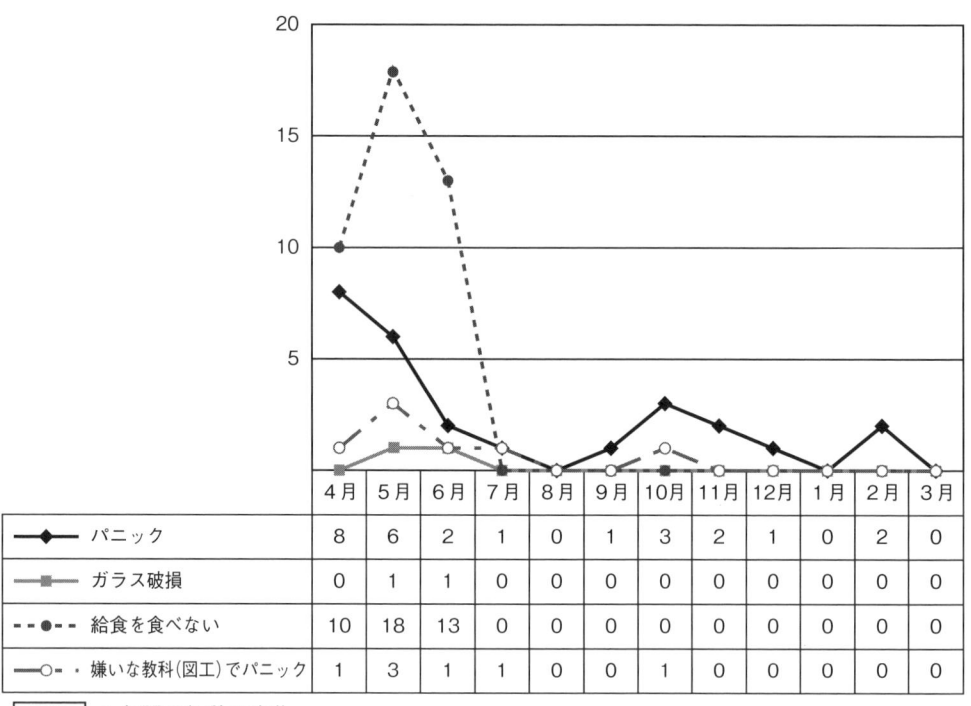

| | 4月 | 5月 | 6月 | 7月 | 8月 | 9月 | 10月 | 11月 | 12月 | 1月 | 2月 | 3月 |
|---|---|---|---|---|---|---|---|---|---|---|---|---|
| ◆ パニック | 8 | 6 | 2 | 1 | 0 | 1 | 3 | 2 | 1 | 0 | 2 | 0 |
| ■ ガラス破損 | 0 | 1 | 1 | 0 | 0 | 0 | 0 | 0 | 0 | 0 | 0 | 0 |
| ●-- 給食を食べない | 10 | 18 | 13 | 0 | 0 | 0 | 0 | 0 | 0 | 0 | 0 | 0 |
| ○-- 嫌いな教科(図工)でパニック | 1 | 3 | 1 | 1 | 0 | 0 | 1 | 0 | 0 | 0 | 0 | 0 |

図3　1年間の行動の変化

　A君にとって必要だった支援は，実はA君にかかわる周囲の人たちにとってもわかりやすく優しい環境でもありました。VOCAやカードでコミュニケーションができるようになると，注意したり叱ることが減り，お互いに一緒に活動することが楽しく，A君の学習意欲も高められました。不思議なことに，A君が今まで絶対に譲れなかった拒否や要求でさえも，言いたいことをわかってあげて「ごめんね。今はできないんだよ」と謝ると，「先生の言うこともしかたないなあ，まあいいか」というように寄り添ってくれるようになりました。そんな人間的なやりとりができる時は本当に胸が熱くなりました。

## 5．まとめ

　学校に入学したばかりの時期は，どんな子どもにとっても，何もかもが初めてです。ましてや言葉の理解が難しく，経験のない（新しい）ことが苦手で，さまざまな感覚過敏を持っている自閉症児にとって，初めての学校は不安と緊張でとても辛い環境です。自閉症の子どもは，辛いことを辛いと言えなくて，パニックや自傷，他害，給食が食べられないといった行動で私たちに訴えてきます。目の前の困った行動に振り回されるのではなく，なぜそんな行動を取らねばならないのか，何が辛いのかをよく理解して支援をする必要があります。また，自閉症の特性やその子どもの特性をきちんと理解して，それを生かした支援をすること，子どもの成長や変化に合わせて，その内容や方法も柔軟に変えていくことも必要です。

　そして，いちばん大切なことは，保護者（家族）との連携と協力です。こちらがどんなに良い支援だと思っていても，本人や家族にとって「してほしくない」支援のときもあります。本人や家族にとって「今何が辛いのか？　困っているのか？」を理解し，「どうしてほしいのか？」というニーズをきちんと受け止めて支援することが，何よりも大切なことだと思います。

（石原まゆみ）

第2章 様々な場面における構造化による支援

## 事例5

# 子どもにわかりやすい教室づくり

　栃木県立栃木養護学校は，平成16年度と17年度に，自閉症児の指導内容や指導方法についての研究に取り組みました。平成16年度の1年生8名中4名，2年生7名中6名が広汎性発達障害や自閉症との診断を受けていました。平成16年度は，教室数の関係から自閉症学級を設置することはできませんでした。平成17年度は，小学部2年生と3年生で自閉症学級と知的障害学級とに分けて自閉症児の指導内容や指導方法についての研究に取り組みました。

　平成16年度に指導を進めていく中で，学習内容や，教師が児童に何を求めているかをわかってもらうためには，コミュニケーションの指導が重要であるということを痛感しました。

　平成17年度は，TEACCHプログラムを指導の中に取り入れて，PEP-Rの実施，コミュニケーション・サンプルの分析と目標の設定，自立課題の設定，構造化などに取り組みました。

　2年間の研究から報告できることとして次の4点が挙げられます。第一に，自閉症児の指導にとってはコミュニケーションの指導が非常に重要になること。第二に，効果的な指導を行うためには，PEP-Rに代表されるフォーマルなアセスメント，コミュニケーション・サンプルに代表されるインフォーマルなアセスメントが必要であり重要になること。第三に，自閉症児が安定した生活を送るためには構造化が必要不可欠であること。第四に，将来の社会的自立のために習得した課題などを自立課題として設定し，児童が自分から学習に取り組めるように支援することです。

## 1．コミュニケーションの指導

　コミュニケーションには受容コミュニケーションと表出コミュニケーションがあります。受容コミュニケーションとは，理解コミュニケーションとも呼ばれます。どのような種類の情報ならば自閉症児本人に何を求められているのか，何をしたらよいかを負担なく，より正確に理解してもらえるか，ということです。また，受容コミュニケーションは，児童一人ひとり異なっています。自閉症児に言葉があり，話し言葉による簡単な指示を理解しているからといって，受容コミュニケーションが「話し言葉」とは限りません。その場の状況や流れによって判断している可能性もあります。

受容コミュニケーションの例としては,「話し言葉,サイン言語,文字言語,絵カード,写真カード,具体物」などが挙げられます。コミュニケーションの指導を行う場合には,まず児童一人ひとりの受容コミュニケーションについて把握する必要があります。

受容コミュニケーションは,児童の一番好きな活動を行うときに複数のコミュニケーション方法で伝えてみて,どの方法が最もよく伝わったかを観察することで把握することができます。

表出コミュニケーションとは,児童の自発的なコミュニケーションのことです。表出コミュニケーションの例としては,手を引く(クレーン現象),写真カードや絵カードを指さす,話し言葉などが挙げられます。

## 2. アセスメントについて

よく教師は,「実態把握」という言葉を使います。実態把握とは,児童生徒は何ができて何ができないのかを把握するということが中心になります。

それに対してアセスメントは,「評価」と訳されます。評価とは,児童生徒は何ができて何ができないのかということのほかに,例えば,「教師が手を添えるという支援があれば,はさみで紙を切ることができる」というような,児童生徒が活動を行うのに必要な支援内容や支援方法まで教えてくれることも含んでいます。

アセスメントにはPEP-RやWISC-Ⅲなどのフォーマルなアセスメントと,行動観察やコミュニケーション・サンプルなどのインフォーマルなアセスメントがあります。

本校では,PEP-Rを10名の児童に実施しました。検査結果から,現在の発達段階と,これから伸びていくことが期待される芽生え反応のデータが得られました。各分野の発達段階を知ることや,自立課題の設定などに非常に有効でした。

## 3. 自立課題について

自立課題の主なねらいは,将来の職業生活に必要な自分自身の力で課題に取り組み解決していく能力を高めること,集中して課題に取り組むことで不適切な行動を減らしていくことが挙げられます。児童の実態に応じた自立課題を準備し学習に取り組みました。

安定して課題に取り組むことができる児童だけではなく,もちろん,その日の気分によって課題に取り組めない,取り組みたくないという児童もいます。しかし,児童の能力に応じた課題を設定することで,自分から課題に取り組めるようになり,その日の気分で学習に取り組むのを嫌がることが減り,スケジュールを見て,自分から学習スペースに向かうようになりました。

5分間，あるいは一つの課題だけ行えば可とする段階から指導を始め，10分間で二つ程度の課題に取り組めるようになった児童もいます。児童によっては，20分間で五つ程度の課題に取り組むことができるようになりました。児童による個人差はあるものの，全員が一人で課題を行い，自立課題に取り組めるようになったことは学習指導上大きな進歩であると考えています。

**写真1，2**に自立課題の例を示しました。

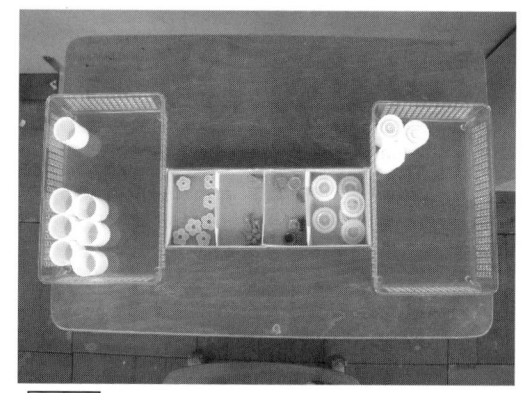

**写真1** 自立課題（フィルムケース入れ）

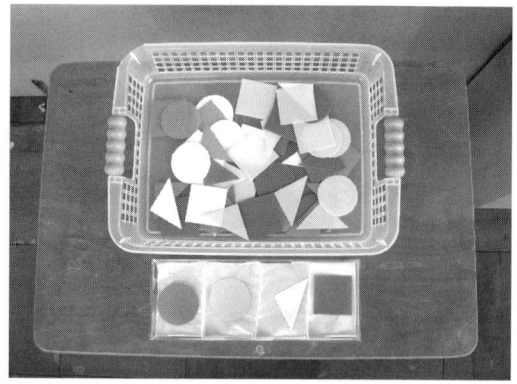

**写真2** 自立課題（色による弁別）

## 4．構造化について

**表1**に構造化による指導の一覧表を示します。この表からわかるように，児童の学校生活すべての場面で何らかの構造化が行われています。逆に言えば，「自閉症児が安定した学校生活を送るためには構造化が必要不可欠である」ということを意味しています。指導内容や具体的な構造化の方法などについて説明します。**図1**に教室の配置図を示します。

表1　構造化による指導の一覧表

| 構造化 | 構造化の内容 | 授業の内容 |
|---|---|---|
| 時間の構造化 | トランジッションエリアの設置<br>（1日のスケジュールの提示） | 登校時の個別日課説明<br>授業の切り替え時 |
| 物理的構造化 | 着替えスペースの設置 | 荷物整理，着替え |
| | 給食スペースの設置 | 給食 |
| | 個別学習スペースの設置 | 自立課題 |
| | 学習場所（教室）の設置 | 音楽，体育 |
| | 遊びスペースの設置 | 休み時間 |
| | カームダウンエリアの設置 | パニック時対応 |
| 作業の構造化 | 学習内容と活動順番，学習量の提示<br>（ワークシステム） | 自立課題，音楽<br>図工，体育 |
| | 歯磨き手順表 | 歯磨き |
| | 作品制作手順表 | 図工 |

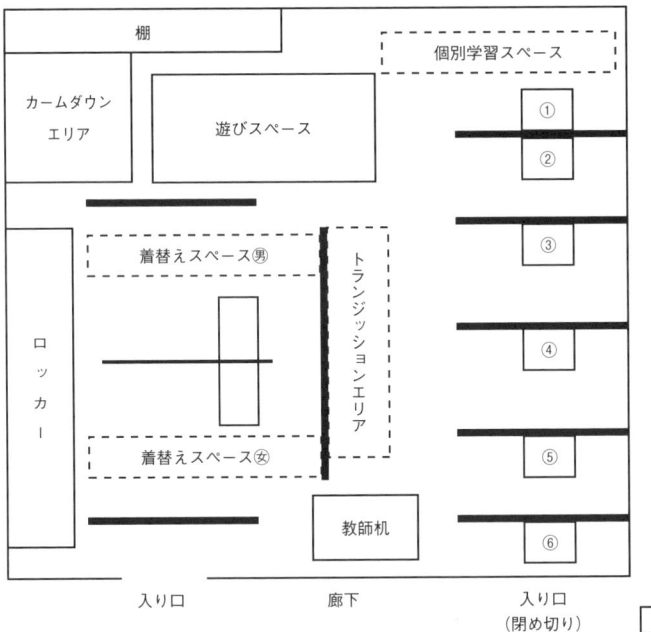

Ⅱ 教育現場における支援の事例

**図1** 教室配置図（3年生）

### (1) トランジッションエリアの設置

児童一人ひとりの受容コミュニケーションに応じて，1日のスケジュールを提示するようにしました。このスケジュールを提示する場所を決め，トランジッションエリアとして設置しました（**写真3**参照）。

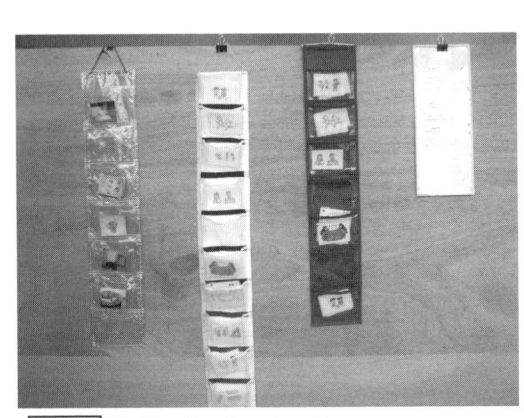

**写真3** トランジッションエリア

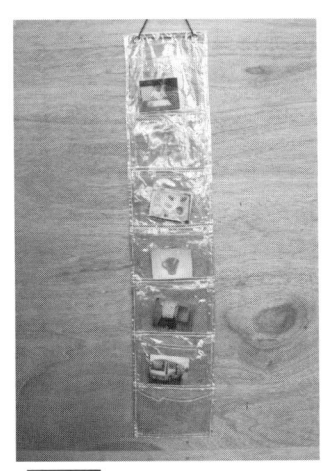

**写真4** 写真カード

**写真4**は，受容コミュニケーションが写真カードの児童のスケジュールです。この児童は，初め絵カードを提示しましたが，あまり反応がありませんでした。そこで，写真カードを提示したところ，よくスケジュールを見るようになりました。また，児童の好きな場所と好きな遊びの紙ちぎりの写真カードを提示すると，休み時間は自分で行いたいほうの写真を指さして教師に伝えるようになりました。

第2章 様々な場面における構造化による支援

　写真5は，受容コミュニケーションが絵カードの児童のスケジュールです。写真よりも抽象的な絵カードを見て，何をするのかを理解することができます。教師がしてほしいことを絵カードに書いて提示すれば，それを理解して行動することができます。
　写真6は，受容コミュニケーションが文字の児童のスケジュールです。文字に書いて提示することで，自分が何をしたらよいのか，次に何をするのかを理解して行動することができます。着替えのときには，「シャツを脱ぐ」「シャツを着る」「ズボンを脱ぐ」「ズボンをはく」と手順を文字カードで示すことにより着替えを行うことができます。

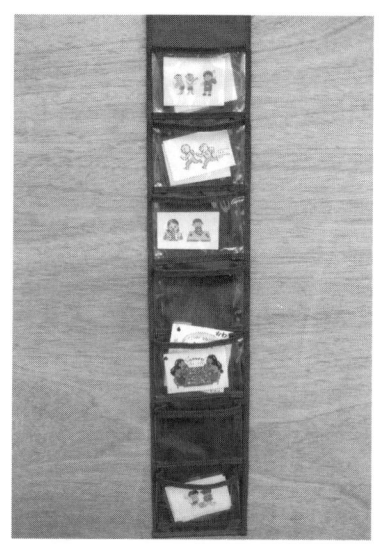

| 写真5 | 絵カード |
| 写真6 | 文字カード |

(2) **物理的構造化**

　最初の段階では，教室に着替えのスペースや遊びのスペース，カームダウンエリアを設置しませんでした。それらのスペースを設置しなくても児童の活動に支障がないと考えたためです。しかし，1学期間の児童の活動の様子を観察すると，着替えと荷物整理，自立課題などを同じ場所で行っているため，教師が一つ一つ指示をしないと次の活動に移れないというような問題が見られました。また，パニックを起こした児童を落ち着かせる場所の確保も必要になりました。どこで遊んだらよいのかがわからずに，ただ教室内の高いところを登り歩く児童もいました。このため，各スペースを設置するほうが児童の指導に有効であると考え，2学期から設置しました。各スペースを設置するにあたり，一つの活動には一つの場所の確保を目指してついたてを作り，仕切りとして使用し，物理的構造化に取り組みました。
　写真7は，男子の着替えのスペースです。写真8は，女子の着替えのスペースです。小学部3年生ということで，ついたてで仕切って男女別に分けてあります。

Ⅱ 教育現場における支援の事例

|写真7| 男子の着替えのスペース

|写真8| 女子の着替えのスペース

　写真9は，教室の全景です。奥に見えるついたてで仕切られた場所が，個別学習スペースです。写真10は，個別学習スペースを別角度で見たところです。写真11を見ていただくとわかるように，個別学習スペースは2個のカラーボックスとベニヤ板1枚半で作ってあります。左側のカラーボックスに自立課題を入れておきます，児童は自分で課題を取り出して机で学習を行います。学習が終わると右側のカラーボックスに課題を入れて，その課題が終わりということになります。

|写真9| 教室の全景

|写真10| 個別学習スペース

|写真11| 個別学習スペース

63

## 第2章 様々な場面における構造化による支援

　写真12は，遊びのスペースです。青いジュータンの上で遊具で遊んだり，本を読んだりして休み時間を過ごします。
　写真13は，カーテンで囲ってある後ろ側がカームダウンエリアです。緑色のカーペットを敷いてあります。柱などもありますが，この学級の児童はパニックのときに頭などを打ちつけることはないので，この場所に設置しました。

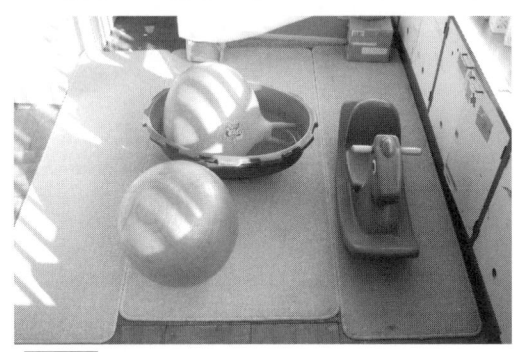

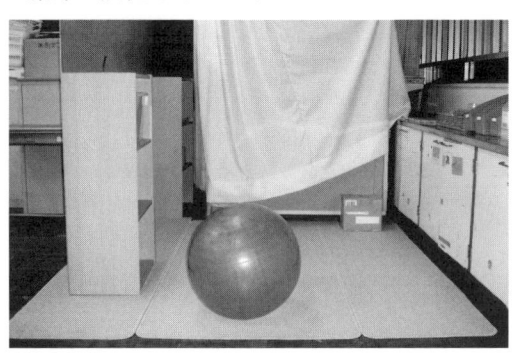

|写真12| 遊びのスペース　　　|写真13| カームダウンエリア

**〈物理的構造化による児童の変容〉**

　物理的構造化を行うことによって，児童に次のような変容が見られました。
　個別学習や着替えでは，その場所で何をするかを認識できるようになり，児童自身が自分からその場所に移動することができるようになったり，落ち着いて活動に取り組むことができるようになったりしました。
　遊びスペースを設置することで，児童が高いところに登り歩くことがなくなり，本を読んだりぬいぐるみで遊んだりと休み時間の過ごし方に大きな変化が見られました。
　写真14は歯磨き手順表です。児童はこの表を1枚ずつめくり歯磨きを行っています。絵と文字で指示が表示されているカードと，絵だけで表示されているカードがあります。
　3年生の児童の中には，カードを見なくても順番を覚えて自分で磨いていくことができるようになったため，2学期の途中からカードを使用しなくなった児童もいます。

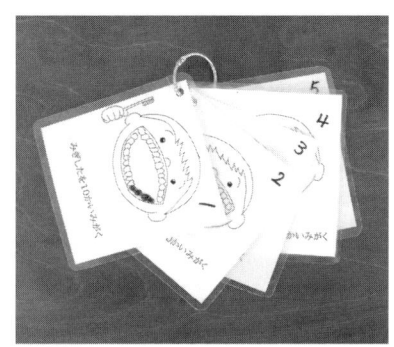

|写真14| 歯磨き手順表

**(3) ワークシステム**

　自立課題などを行うときに，学習内容と活動順番，学習量を提示して，児童に学習に対する見通しをもたせるようにしました。
　歯磨きと図工の作品制作のときなどに工程を手順表にして提示し，何をどのように行ったらよいのかをわかりやすくしました。

## 5. まとめ

まとめとして，今後の課題を4点挙げさせていただきます。

第一に，教師の専門性の向上についてです。

今回の研究を通して，実際の指導にすぐに結びつけられる方法がいくつかあることを知りました。特に，TEACCHプログラムによるアセスメント，コミュニケーションの指導，構造化による指導は，自閉症児の指導の中核をなすものと考えられます。そこで，これらの指導方法を身に付けたうえで自閉症児の指導に携わる必要性を痛感しました。まさに，このことが教師の専門性の向上と大きく関連することであり，非常に重要な課題となると考えられます。

第二に，学級編制についてです。

最も基本的な学習集団である学級編制について，検討する必要があると考えられます。自閉症児といっても，集団での活動に特に支障がない児童もいますが，逆に，知的能力は高いが集団での活動は苦手な児童もいます。これらのことを考え合わせると，単に自閉症学級を設置するだけではなく，自閉症児でも集団での学習に十分に参加することができ，また，参加することが児童によい影響を与えるならば無理に自閉症学級に入れる必要はないでしょう。逆に，自閉症ではなくても，集団での学習が苦手で集団での学習から得るものがない児童を無理に集団の学習に参加させる必要もないでしょう。このように，児童の実態に応じた柔軟な学級編制や学習集団の編制が求められると考えられます。

第三に，自閉症児の集団での学習指導の工夫についてです。

集団での学習指導をどのように計画し，展開していけばよいのかを明らかにすることはできませんでした。このため，集団学習の内容や方法について検討する必要があると考えられます。

第四に，保護者の方との連携，協力体制作りです。

今回の研究は，学校での指導内容や方法の検討が中心テーマでしたが，実際の生活の中心が家庭であることを考えていくと，保護者の方との連携が重要です。また，教師の独りよがりにならないためにも，保護者の方との連携や協力体制をどのようにして確立していくかを積極的に検討すべきです。例えば，保護者の要望を教育内容に取り入れていく，教育内容について十分に説明を行って理解を得ながら指導する，保護者と連絡を取りながら家庭での生活に必要なことを支援していくことなどが挙げられます。

本校の取り組みは始まったばかりです。上述のように課題は多くありますが，一つ一つ解決しながら前に進んでいきたいと考えています。

（相田祐司）

## 第2章 様々な場面における構造化による支援

■**実践事例へのコメント**■

　日本の学校現場では，TEACCHのアイデアを取り入れていくことについて，一部の例外（佐賀大学附属養護学校など）を除いて長年，抵抗があったようです。その要因として，米国ノースカロライナ州と日本とで教育制度や自閉症の支援体制，文化に違いがあることが挙げられるかもしれません。最近になってようやく，学会（日本特殊教育学会，日本自閉症スペクトラム学会など）や研究会（TEACCHプログラム研究会，自閉症カンファレンスNIPPON）などで学校での実践事例が増えてきました。

　教育現場における三つの事例（**事例3～5**）は，これから実際に学校でTEACCHのアイデアを使って取り組むにはどういう条件が必要で，まずどこから手をつけたらよいのかについて具体的なアイデアを提供してくれていると思います。

　まず，**事例3や5**にあった生徒の特性に合わせた学級編制の取り組みはとても先進的だと思います。特別な支援を必要とする生徒は，行動特性や個性においてあまりに違いが大きく，そのような生徒たちを一緒に教える現場の苦悩と，生徒本人の混乱ぶりは聞くに忍びないものがあります。学校全体で一人ひとりの生徒に合わせた学級編制や教育体制を見直し位置づけていくことが必要です。こういう取り組みに対しては，生徒を差別しているとか，孤立させているといった誤解を与えてしまうことがあります。そうではなく，本事例にあるように，生徒一人ひとりに本人のペースで効果的に学び，交流する機会が重要なのです。

　次に，教師個人の力量では限界があります。そこで，全教員が自閉症の障害特性に関して共通理解を持つこと，授業に構造化を応用して教えるスキルを持つことはとても重要です。様々な指導法が日進月歩で進歩しているのに，現状の大学の教員養成課程では，自閉症の特性や構造化について学ぶ機会はまずありません[注]。ですから，教育現場で研修するシステムが必要です。事例にある共通理解のための冊子や職員同士の勉強会はとても良いアイデアだと思います。

　このような取り組みを始めるにあたっては，周囲の教師や管理職を納得させるうえで，**事例3～5**のように最初に構造化により生徒が落ち着いて学習に取り組めるという成果を見せることが大事なのだと思います。特に**事例4**のように成果がデータによって示されるとより説得力を持つでしょう。そして，徐々に賛同者を増やして勉強会につなげられたらよいでしょう。

　また，いまだに「構造化」は"ひとりで孤立して行う学習"という偏見と誤解を持って見ている人がたくさんいます。「構造化」は，療育法や指導法ではありません。自閉症の人の学習を支援する道具なのです。本事例を読んでいただいたらおわかりのように，個別学習以外にも，集団学習，体育，生活学習，音楽，国語，算数といった教科学習，校外学習や行事など，様々な場面に応用できるものなのです。

最後に，これからの課題をいくつか述べておきたいと思います。構造化は支援が形となっているので教師にもわかりやすいのですが，そのまま"型"だけが引き継がれてしまう，あるいは支援が継続されないという事態を避けなければなりません。①生徒のアセスメント，②指導の計画，③指導の実施，④記録による見直しといったプロセス（個別の教育計画や指導計画）やシステム（支援会議や日々の見直しのための話し合いなど）が確立されることが必要です。また，生徒は学校で学んだことを家庭でも補完するときに，より効果的に学習することができます。TEACCHでは早くから親を共同療育者として位置づけてきました。事例にも述べられているように，保護者が家庭での指導目標について関与するシステムが必要です。

　前にも述べたとおりTEACCHの教育目標は，小さな空間で孤立して教えることではありません。将来の地域での自立生活が目標です。小学部で実践したことが中，高へ引き継がれ，成人期の自立生活に向けての教育の積み上げが必要です。次の章で見るように，成人期の生活や就労支援に関してもかなりノウハウが蓄積されてきました。学校教育から成人期への移行計画の推進も重要な課題だと思います。

　もともと日本の教師の教育水準は高く，優秀なので，このような教育環境が整備されれば，本事例の学校や先生のように様々な構造化のアイデアを出して，力を発揮してくれるものと信じています。

（服巻　繁）

〈参考資料〉
　服巻智子「TEACCHの学校教育」『実践障害児教育』1998年4月号〜1999年3月号，学研
　日本自閉症スペクトラム学会　　　http://www.autistic-spectrum.jp/
　日本特殊教育学会　　　http://www.jase.jp/
　TEACCHプログラム研究会　　　http://teacchken.com/
　自閉症カンファレンスNIPPON　社会福祉法人朝日新聞厚生文化事業団　　http://www.asahi-welfare.or.jp/

（注）教員養成課程ではないが，川崎医療福祉大学の大学院医療福祉学専攻では，発達障害（TEACCH）コースが開設されている。詳しくは大学ホームページを参照。
　　　http://www.kawasaki-m.ac.jp/mw/

第2章 様々な場面における構造化による支援

# III 福祉現場における支援の事例

　青年期以降の自閉症者の多くは，福祉施設に通所あるいは入所の場合が多く，福祉施設においても構造化は有効に使われています。
　福祉現場では，愛知県における施設での構造化による支援を紹介します。

## 事例6
### 言葉が理解できず，たびたび混乱し，自傷・他害を引き起こす自閉症者への構造化による支援

### 1．対象とする自閉症の人の特徴

29歳男性：特別支援学校高等部卒業→あけび苑

知的レベル：IQ推定20以下（検査方法不明）

療育手帳A判定（最重度）：言葉や写真，絵カードも理解できない。要求・拒否もすべて奇声で訴えるので支援者はわかりづらい。

主な特徴：発語は「うぃ～」など擬音のみ。ちょっとしたきっかけ（声掛け，ざわつき，人影，暑さなど）を引き金にパニックを起こす。多動で一ヶ所に長時間居続けることが苦手。自分の気に入った限られた場所を行ったりきたりして過ごしている。苑外への飛び出しも多く，常に職員が見守っている状態。

### 2．支援の内容と結果

#### (1) 物理的構造化を用いた支援

　作業時間中に5分でも長く座ってもらうために人の動きなど刺激を遮断，安心して机に向かってもらえるよう環境を整えます。

III 福祉現場における支援の事例

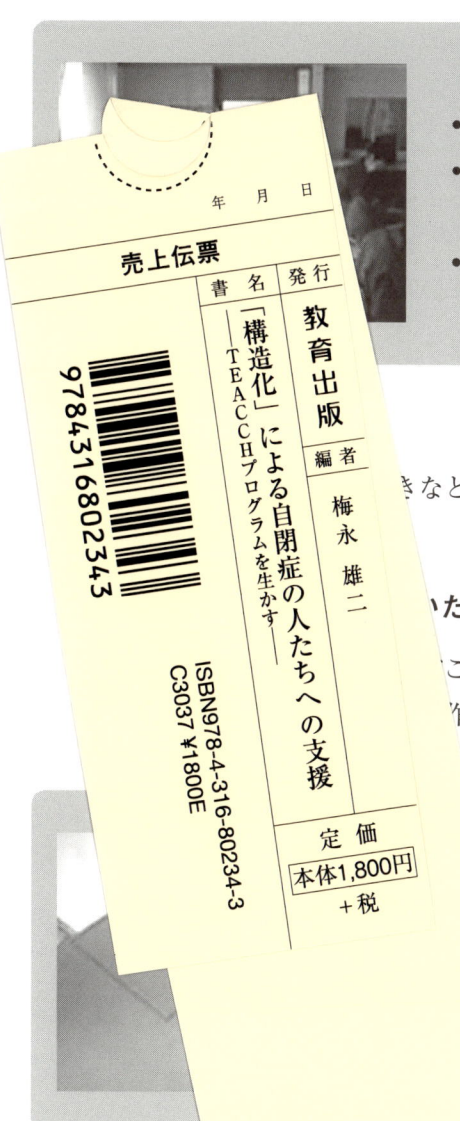

〈Bさんのワークエリア〉
- 左奥に座っているのがBさん。
- カーテンとパーテーションで個室のような空間を作ります。
- 作業する座席を固定，「この席に座ったら作業をする」という動機付けになっています。

↓

(...きなど) が遮断され，以前より机に向かえる時間が長くな(...)

(...)いた支援

(...)こかへ走っていってしまうBさん。嫌なら「嫌」とい(...)作業終了時も自分で「おしまい」が理解できるよう，

〈Bさんのワークシステム〉
(...)業をしたくないとき，終わりたいときに自ら意(...)表示できるよう，机の上にフィニッシュエリア(...)の上の四角い線）を設置。休憩室に行きた(...)作業を終わりたいときに自分でエリアに箱(...)助してもらう。

↓

　奇声や急な飛び出しという形で訴えなくても，終わりの意志表示ができるようになりました。

(3) **具体物でスケジュールを提示**

　声掛けや絵・写真の提示では理解できないBさんには，具体物を提示し，次の行動に見通しを持ってもらいます。

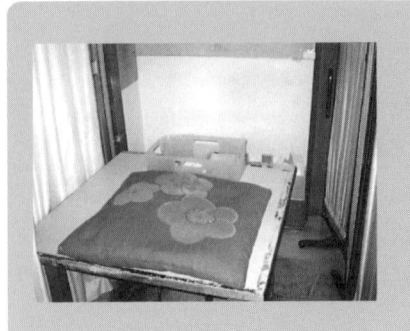

〈Bさんのスケジュール〉
- この日は，車に乗って公園に行きます。車に乗ると，座布団を敷いて横になるのが好きなBさん。座布団を提示すると「車に乗るんだ」という意識に結びつきます。

⬇

　今までBさんは，どこへ行くにしても職員に手を引かれ，「散歩に行くのか？」「クルマに乗ればいいのか？」「食堂に行けばいいのか？」などがわからず，混乱していました。この方法により，今では不安なく日課を過ごしています。

## 3. まとめ
　絵や写真のわからない人にも構造化を用いた支援は可能です。その人をよく観察・評価（アセスメント）することにより，「毎日同じ行動パターンを形成している」「静かな環境なら机に向かっていられる」など，自閉的な特徴が見えてきます。

（林　大輔）

事例7

# 作業が嫌いで，自分のペースを崩されるとパニックを起こす自閉症者への構造化を生かした作業支援

## 1．対象とする自閉症の人の特徴

33歳男性：特別支援学校→あけび苑

知的レベル：IQ29（鈴木ビネー式）

療育手帳A判定（最重度）：発語はあるが，自分の知っている食べ物の名を連呼したり，多少の要求・拒否は表現できる。会話が成り立つほどではない。

主な特徴：行事は好きだが，日頃の作業は大嫌い。継続的に作業を進めることは困難で，強要すると物を投げる，壊す，苑外へ飛び出すなどパニック状態に陥る。常動的・執着的行動強く，物の位置などが気になって仕方がない。位置が思い通りにいかないとロッキングをしてしまう。

## 2．支援の内容と結果

### (1) 物理的構造化を用いた支援

作業室で自分の席を固定。他の人は一切席に触らないようにし，自分だけのスペースであることを認識してもらう。席に座ったら机に向かい，作業の時間ということを理解してもらいます。

〈Cさんのワークエリア〉
- 奥に座っているのがCさん。
- キャビネットで仕切り，自分のスペースを明確にする。

⬇

他の人が席の周りをウロウロしたり，触られることがないので安心して机に向かい，作業に集中することができるようになりました。

### (2) スケジュールを提示

いつも「給食まだ？」と聞いてくるＣさん。大好きな給食まで，あとどれくらいか写真で提示。言葉よりも理解しやすく，常に目の前にあるので，いつでも確認できます。

〈Ｃさんのスケジュール〉
- 終わった日課は裏返し，矢印で次の日課に注目を向けます。

⬇

給食までどれくらいか目で確認でき，給食まで作業を頑張ることができます。

### (3) ワークシステムを用いた支援

時間がわからない人に，「〜時になったらおしまい」と伝えても苦痛になります。Ｃさんにはわかりやすく，次のような方法で「おしまい」を伝えます。

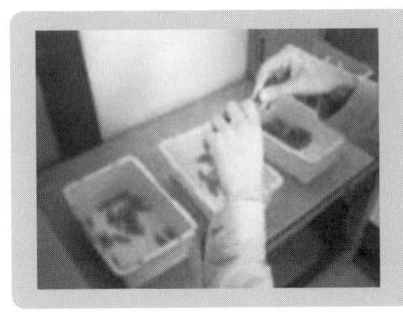

〈Ｃさんのワークシステム〉
- 箱を3個用意します。
- 箱の中身が全部なくなったらおしまいです。箱に入れる材料の量は，Ｃさんと話し合って決めます。
- 箱が空になれば，作業時間が何分残っていようと「おしまい」という約束です。

⬇

以前は，箱の中身が無くなったら材料を追加され，とても不安でしたが，今は追加される恐れがなく，安心して作業に取り組んでいます。

## 3．まとめ

作業が中心の成人施設に通っているのに，なかには日課の柱である作業が嫌いという人もいます。「なぜ嫌いなのか」ということを深く考え，嫌な原因を突き止めます。原因がわかれば，その原因に応じた構造化をすることにより，嫌いな作業も少しは好きになってくれるかもしれません。

（林　大輔）

## 事例8

# 施設での日課の見通し，作業への集中力を高めるため，スケジュールおよびワークシステムを用いた支援

## 1．対象とする自閉症の人の特徴

21歳女性：特別支援学校高等部卒業→あけび苑

知的レベル：IQ14（鈴木ビネー式）

療育手帳A判定（最重度）：発語はほとんどエコラリア。「やめろー」や「おしまい」と拒否を表現することができるが，要求や会話が成り立つことはない。

主な特徴：パターンを崩されることが苦手。初めての場所に入ることができず，初めはあけび苑にも入れなかった。言葉でのコミュニケーションが苦手で，パターン化した日課や作業でないと，先の見通しがつかず不安を感じる。いずれも無理や強要することによりパニックを起こす。視覚的な指示は通じやすい。

## 2．支援の内容と結果

### (1)写真を用いたスケジュールを使用

まず，あけび苑の日課をパターン化し，写真によるスケジュール表を作成。言葉でなく視覚的に訴える方法を取りました。

〈Dさんのスケジュール〉
上から順番に日課の写真が並んでいる。
↓
写真を持って次の行動場所へ。
↓
次の行動の見通しが立ちます。

(例) 次の日課が給食の時
給食の写真を持って食堂へ移動。
↓
自分の席のカード入れに写真を入れる。
↓
次の行動，座る席など混乱なく伝わります。

Dさんが使う写真のスケジュールには，他にも様々なものがあります。

〈お昼から公園に行く時〉
- どこの公園に行くのかスケジュールに提示しておく。
- 車の写真と合わせて提示しておくことにより，車で行くのか，歩いていくのかも知らせることができ，効果的！

〈外出時にもスケジュール〉
- カードアルバムを使い，持ち運び可能。
- 順番にページをめくり，次の予定を知らせる。
- ヘルパーさんとの外出に活用しています。

(2)ワークシステムを用いた支援

あけび苑の日課は，作業が中心となります。少しでも多くの給料をかせぐため，次のような作業方法で効率アップさせています。

〈Dさんのワークエリア〉
- 作業する場所は毎回，同じ場所です。
- 作業に必要な材料は，すぐに自分で取り出せるようにすべて箱に入れてあります。

〈Dさんの作業手順(ワークシステム)〉
①キッチンタイマーをセットします。
↓
　Dさんは，いつまで作業を続ければいいのか不安です。
　「タイマーが鳴ったら終わり」と決めると，終わりの見通しがつくようになりました。
②目の前に，今日の作業の順番が提示してあります。
↓
　まずはいちばん左の写真を取り，箱の写真と一致させ，材料を取り出し，作業開始です。
　終わったら，次の写真を取り，同じように作業を進めます。
↓
　職員から指示をされなくても，自分で何をするのか，何を準備するのか，いつ終わるのかを判断することができます。

## 3．まとめ

　言葉による指示が伝わらないDさんにとって，写真は言葉の代わりとなるものです。この写真を用いてスケジュール，ワークシステムといった構造化を組み合わせると先の見通しが立ち，毎日の日課を混乱無く過ごせるようになりました。作業も，職員の指示がなくても自立的に準備から完成までやりとげることができます。Dさんも毎日，不安なく，あけび苑に通えているのではないでしょうか。

（林　大輔）

第2章 様々な場面における構造化による支援

## 事例9

# 多動で言葉が理解できない自閉症者への視覚的なコミュニケーションや構造化を用いた支援

## 1．対象とする自閉症の人の特徴

**23歳男性**：特別支援学校→あけび苑

**知的レベル**：IQ14（鈴木ビネー式）

**療育手帳A判定（最重度）**：発語はなく，要求はクレーン行動や「うー」と声を発してくる。「トイレ」「ごはん」など日常で使う単語程度なら理解できるが，単語以上の声掛けになると理解できず，経験や場面を判断して行動に移す。

**主な特徴**：言葉は理解できないが，視覚的な情報は伝わりやすい。必要以上の声掛けはストレスにつながり，他害・破壊といった行為に発展する。多動で常に動いており，室内・室外問わず急な飛び出しがある。

## 2．支援の内容と結果

### (1) スケジュールや写真を生かして次の行動，内容を伝える

午前は作業，午後は外出と日課のパターンを決めておく。今日の作業は何か，外出はどこへ行くのか，どのメンバーと作業をするのかなど，写真で選びスケジュールに貼り付け，理解をしてもらっています。

～Eさんのスケジュール～

- ホワイトボードに午前・午後に分けて日課が貼ってあります。
  午後の日課に何をするかは，一緒に確認しながら決めます。

Ⅲ 福祉現場における支援の事例

- 散歩や納品などのメニューから，今日の予定を選びます。
  Eさんは車に乗るのが楽しみです。

- この日の午後は，車で外出に決定しました。午後の枠の中に，決めた日課である車の写真を貼ってもらいます。写真の枠の色とホワイトボードの枠の色を同じにしておくとマッチングしやすくなります。
  車が好きとはいえ，もちろん希望に沿えない日もあります。我慢してもらうことも肝心です。

- さらに，今日の作業も一緒に選びます。作業が決まっているときは，職員が提示します。
  やはり，写真の色枠とホワイトボードの色枠を一緒にしておくとわかりやすいです。

- 出欠を確認し，どのメンバーと作業をするのか確認します。
  ↓
  写真は色分けしてあり，同じ色の枠に貼れるようになっています。毎朝，一緒に日課の組み立てをし，今日の日課を決定します。日課や作業内容が理解できるようになりました。

77

第2章 様々な場面における構造化による支援

## (2)視覚的構造化を用いた支援

　視覚的な情報は理解しやすいという強みを生かし，様々な場面で次のような構造化をしています。

### ～作業しやすいジグを作成～

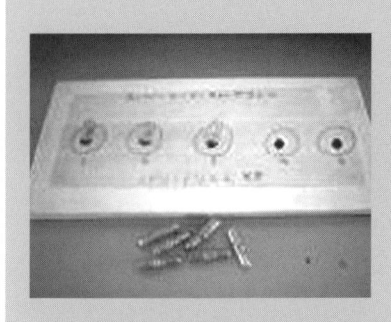

　材料を5個つなぐという作業ですが，「5個」は理解できません。
　↓
　5個の材料を型にはめてから，つなぐと必ず5個になるというスグレ物です。一人で正しく完成させることができるようになりました。

　上の写真のジグは縦に差し込むタイプがありますが，下の写真のように横に置くタイプもあります。
　それぞれ使いやすいほうを選んでもらえればOK。

### ～ラジカセの「再生」と「停止」のボタンに目印を貼る～

　職員の手を借りなくても，一人でラジカセの操作ができるようになりました。

**～ほうき掃除が上手になる構造化～**

初めは，ほうきを持ってもゴミをどこへ掃いたらいいかわからず，フラフラしていました。
↓
ぬれ新聞をゴミに見立てて床に撒き，目印の四角の中に集めてもらうことにしました。
↓
何をどうするのかがわかったようで，上手に集めてくれるようになりました。

## 3．まとめ

　作業にしても掃除にしても，今までは介助が必要だった部分が視覚的構造化により，一人でできるようになりました。「できない」→「注意される」という悪循環から，「できる」→「誉められる」→「意欲が湧く」という良い循環に変えることができました。「効率よく働いて，少しでも多くのお金を稼ぐ」という観点からも，構造化により一人でできることが増え，作業効率が上がることには大きな意味があります。ほんの一工夫でできることは多いはずです。

（林　大輔）

第2章 様々な場面における構造化による支援

## 事例10

# コミュニケーション場面における支援
## 　　　　　　　　（カード・コミュニケーション）

## 1．対象者の特徴と事例

36歳男性：自閉症，多動，知的障害

知的レベル：IQ 測定不能（田中ビネー知能検査）

療育手帳A判定（最重度）

言語発達レベル：言葉は，ほとんど遅延性エコラリア（テレビCMの独語やオウム返し）

主な特徴：苦手な場面や拒否を伝える時などは「ウゥー」等とうなり声を上げ，頭を叩く等の自傷行為がある。

　　現在，日中は授産施設で活動し，夜はグループホームで生活している。

> 　Fさんは，毎日のように施設内にあるコーヒー事業部で作っているコーヒーやお茶など（朝一番でその日1日分の飲み物を作っている）を捨ててまわることにこだわる行動がありました。
> 　Fさんは，多動であまりにすばやい動きでコーヒー屋さんに進入し大騒ぎをし，あっという間にその日1日のすべてのコーヒーやお茶などを捨ててしまいます。職員が気付いた時には時すでに遅し……，（Fさんの動きについていけない）という日々が続きました。最終的にはコーヒー屋さんはFさんがコーヒー屋に入ってきてコーヒーを捨てられぬようドアのカギを閉めて仕事をしなければなりませんでした。

## 2．支援の内容（コミュニケーション・サンプル→構造化まで）

> 　家族やグループホームの世話人からの情報では，Fさんはコーヒーが大好きということでした。
> 　Q：Fさんは大好きなコーヒーをなぜ飲まずに捨てることにこだわっているのだろう？
> 　　→コミュニケーション・サンプルを実施してみました。
> 【コミュニケーション・サンプル実施】
> ここでは，Fさんが欲しいものを前にして，

① どのように要求を伝えてくるのだろうか？
② 実際に彼の好きなもの（今回はお菓子を使う）をＦさんの目の前に置いてみる。
③ Ｆさんがお菓子をもらうためにどのような行動を取るのか，観察，データを取り，記録をつける。

※コミュニケーション・サンプルとは，
- 機能「何のために，どんな意図で」（要求・注意喚起・拒否・挨拶など…）
- 文脈「どこで，どんな場面で，誰に」
- 形態「どんな方法で」（言葉・表情・動作・具体物・サイン言語など…）

以上のことを本人から他者に向けられたコミュニケーションをサンプルデータとして取り，分析し，その人のコミュニケーションのスタイル（特徴）を把握すること。

【コミュニケーション・サンプルを通して見えてきたことは】
欲しいものを前にして，
- 「うわぁ～」と言った。
- 目の前にある欲しいもの（ここではお菓子）を投げようとした。
- ちょっかいをかけるような行動が見られた（笑顔でいたずらをする）。
- 指さし等でのジェスチャーを使った指示は出なかった。

→ Ｆさんの**要求（意思）**と要求行動に**不一致**が見られました。
相手の注意（意識）を引き，自分の要求（意思）を支援者に引き出してもらうために，不適応行動を起こしている（注意喚起行動→要求）と推測ができました。

**コミュニケーション・サンプル**

被験者氏名　　　　　　　　　観察者
観察年月日
開始時間　（AM　PM）　：
終了時間　（AM　PM）　：

| 文脈 | 何を言ったか／何をしたか | 機能 | | | | | | 文脈 | | 形態 | 内容 |
|---|---|---|---|---|---|---|---|---|---|---|---|
| | | 要求 | 注意喚起 | 拒否 | 説明 | 情報提供 | 情報請求 | その他 | 何処で | 誰に | システム | クライエントがコミュニケートするために試みたこと |

（「明治安田こころの健康財団～コミュニケーション支援ボード」より引用）

第2章 様々な場面における構造化による支援

【構造化 ～「こうすればいいんだよ」を伝える～】
・コミュニケーション・ボード（カード）の使用（カード・コミュニケーション）。複数のカードを組み合わせて文章（意味）を作り，音声言語の代替えとして使うことが特徴です。
言語・コミュニケーション　→　カード・コミュニケーション

《今回使用したコミュニケーション・ボード》

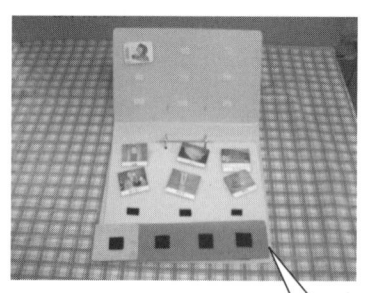

使用したのは，100円ショップに売っているものが主
①「ファイル（2リング）」
②マジックテープ
③ラミネーター

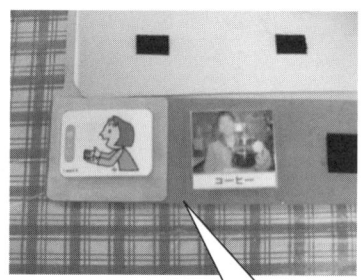

例：
○「ほしい」＋「コーヒー」＝「コーヒーほしい（ください）」
○「ほしい」＋「コーヒー」＋「氷」＝「アイスコーヒーほしい（ください）」
となります

はがして使います

## Ⅲ 福祉現場における支援の事例

《このコミュニケーション・ボードのポイント》

①カードが写真や絵なので，誰にでもわかりよい。

②使えば使うほど要求は増えていく。

　→要求カードがボードのフォルダの中だけで収まらなくなる。

　→バインダー形式なのでどんどん増やしていける。

　→「『ほしい』カード」の存在。【下図参照】

カード・フォルダにカードが無いときは，「『ほしい』カード」これ1枚で，「それほしい」を伝えます。そうすることでスタッフに要求を気付いてもらうことができます

## 3．結　果

【コミュニケーション・ボードを使用後】

彼がコミュニケーション・ボードを使用できるようになって変わったことは，

①要求場面での「うわぁ～」と騒いだり，ものを投げたり，スタッフにいたずら行為をしたりといった行動がなくなりました。当然，コーヒー屋さんに行ってもコーヒーやお茶などを捨てるといったこともなくなりました（→「コーヒーがほしい」がうまく伝えられずに捨てていたのだと思います）。

②今まではスタッフの姿が見えなければ（見えなくなると），直接行動に出てしまっていたり，多動でウロウロしてしまっていたのですが，カードを渡して要求が伝えられることで，待てるようになりました（→「カードを渡せば思いが通じる」ということが彼の中で理解できたのだと思います）。

③不適応行動が減り，自発的で適切な要求場面が増えてきました（→減った不適応行動の数だけ，伝えたいのにうまく伝えられない状況がたくさんあったのだと思います）。

④カードには「コーヒーください」と本人はもちろん，誰が見ても一目でわかるように「絵」や「写真」で示してあるため，職員のみならず他の利用者の方たちまでがFさんの要求に応えてくれるようになりました（予想外のできごとでした）。また，そのことでFさんに対する支援者（理解者）が急増したことは，今後，Fさんの生活において大きな意味を持つことになると思います。

第2章 様々な場面における構造化による支援

《コミュニケーションの様子》

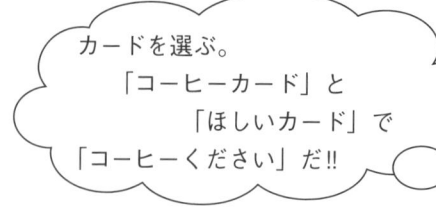

カードを選ぶ。
「コーヒーカード」と
「ほしいカード」で
「コーヒーください」だ!!

コーヒーください。
おねがいします。

おっ,
「コーヒーください」
わかった。

お茶がほしいときには,
「ほしい」+「お茶」
　　　＝「お茶ほしい」です。
これでOK!!

## 4. 今後の課題

　「ほしい」だけではなく,「いいえ（拒否）」や「はい（肯定）」「痛い等（感覚的不快感）」等の感情表出ができるようになれるとよいと思っています。特に,「いいえ（拒否）」が伝えられると, 拒否時に自傷行為等の不適応行動を起こすことなく思いを伝えることができるのではないかと思っています。

## 5. まとめ

　今回の実践を通して，私が彼らに学んだことは，コミュニケーションの本来の意味だったと思います。私たちは当たり前のように言語を使いコミュニケーションを図ります。しかし，自閉症の人たちは言語でのコミュニケーションは苦手な部分を持ち合わせています（言語理解や言語表出の困難さ等）。そこで，私たちがいくら丁寧に言葉でコミュニケーションを図ったとしても，わからないものはわからないんだということです。「丁寧に伝える」というよりもむしろ，自閉症の人でも一人ひとり違いますので，その人が理解できる方法で「わかるように伝える（伝えてもらう）」ということの大切さを学びました。

　その結果，彼らは，「わかればやれる」ということになっていきました。さらには，やれることが増えることで自立度が高まり，不適応行動も減っていきました。また，本人の自立という視点においても大きな進歩をもたらすことになると思いました。

　本人にとって，無理なく理解でき，表現できる方法で，そして，誰にでも無理なく理解してもらえる方法だからこそコミュニケーションにおいて意味のある情報のやりとりが可能となります。

　今までは，「重度だからできない」等で諦めてしまっていたり，「この人はこういう人だ」といったふうに問題行動（不適応行動）も彼らの個性のように考えていた自分を反省しています。問題行動（不適応行動）の裏にある彼らのメッセージ（伝えたいけど伝わらない）をしっかりと受け止めること，また，我々が彼らにわかるように伝えられていなかったということに気付かされました。

（中村大輔）

〈参考資料〉
佐々木正美（1993）『自閉症療育ハンドブック——TEACCHプログラムに学ぶ』学習研究社
「明治安田こころの健康財団～コミュニケーション支援ボード」より引用
（財）明治安田こころの健康財団・全国知的障碍養護学校校長会　協力　http://www.my-kokoro.jp/
「児童精神科医：門眞一郎の落書き帳」　http://www.eonet.ne.jp/~skado/index.htm

## 第2章 様々な場面における構造化による支援

### ■実践事例へのコメント■

1989年に、朝日新聞厚生文化事業団によって日本で最初の、TEACCHのスタッフを招いての実践的なセミナーが開かれました。ここから自閉症の人への取り組みが始まり、最初に実践で成果を収めたのが福祉施設（神奈川・東やまた工房の実践など）でした。これは学校現場と違って、個々の施設の上層部のトップダウンの決定により全体的に継続的に取り組めること、本事例で紹介されているように構造化により利用者が落ち着くなど即座の効果が現れたことなどの要因があげられるでしょう。また、施設において行動障害が激しい利用者に対応することは切実な問題でしたが、構造化によってある程度予防できる（北海道・おしまコロニー星が丘寮、横浜やまびこの里東やまたレジデンス、福岡・大野城すばる園、千葉・しもふさ学園、佐賀・朝日山学園など）ことがわかってきました。

**事例7、8**を読んで誤解してもらいたくないのは、問題行動をなくすことが"構造化"の目的ではありません。まず成人期を迎えた人が安定して過ごせる生活ということを考えなければなりません。そのような生活に必要な三つの要素としては、①何かしら生産的な社会的な活動に従事すること、②身の回りのことをできうる限り自分で行うこと、③リラックスし楽しみとなる活動に従事することがあります。このような生活を保証し、支援する手段として構造化を使うのです。

日本の施設や学校の文化では、集団活動や集団生活を重視し強要されることが多く、本事例のような個別対応を敬遠する向きがあるのではないでしょうか。しかし、自閉症の人の多くにとってこれは苦痛であることが多いのです。そもそも、私たちの通常の生活を考えてみても、大人になってから毎日、四六時中、集団で行動し過ごすことは稀であり、それぞれ心地よいプライベートな時間と空間を保って生活しています。自閉症の人には、なおのこと安心できるような生活空間を保証するための物理設定が必要です。

自閉症の人にとって①の生産的活動としての作業能力は、得意な活動といえるでしょう。しかし、人から監視されいちいち指示されて活動することは好みません。彼らは自主的に行動をすることを好みます。また、作業自体のやり方や見通しが持てないと難しくなります。事例に紹介されているように、自分で見通しを持って自信を持って作業を行うためにワークシステムや視覚的な手順書を使います。②の身の回りのことを自分で見通しを持ちながら生活するのに視覚的なスケジュールを使うのです。

数字や文字、数量や意味理解の学習ができていないと成人期に作業ができないかというと、そんなことはありません。**事例9**では「5個」という数量の概念がなくても、ジグを使って5個の材料をつなげる作業を行えるように支援をしています。このジグは5個の材料をつなげるという視覚的な指示です。小さなほこりなど目に入らないも

のをほうきで集める作業はとても難しいものですが，ぬれ新聞であれば，容易に目にとまり集めることができ，一緒に小さなほこりも集められます。これは，小さなゴミを視覚的に明瞭にした例と言えます。ゴミをどこに集めるかという四角い目印は，視覚的な指示です。視覚的構造化を使うことで学習の不足を補うことができるというのは，作業現場などではとても画期的なことですし，学校で教える教科内容そのものの見直しを図るうえでも有意義なことです。

生活には，頑張って仕事や作業に取り組み，身の回りのことをこなすだけでなく，休憩し余暇を楽しむ時間も必要です。これらの活動は，生活に潤いを与え，さらに作業に取り組む動機付けにもなるのです。ただし，注意しなければならないのは，通常，施設で提供されるような集団での活動や余暇を好まない自閉症の人が多いことです。その人に合った一人でゆったりと過ごせる余暇が必要です。いくつかの事例で紹介されているワークそのものを楽しんで取り組む人も多くいます。また，物損が激しいために，遊具や余暇道具の提供を控えるという場合も見られますが，これを慎まなければ自閉症の人の生活の質はどんどん低下してしまいます。**事例9**のラジカセの操作をしやすくするために視覚的構造化を取り入れたように，道具自体に工夫を凝らしてみましょう。

これらの実践を行うには，まず一人ひとりの利用者の実態（好みや苦手な点，作業能力や強み，無理のない生活の流れなど）を把握するためのアセスメントが重要です。アセスメントや構造化を実施するための職員のトレーニングも必要です。また，施設全体の設定や活動，業務，人員配置なども見直しが必要になるでしょう。改革を行うには強い意志と大変な労力が必要になります。しかし，利用者の自立度が向上し安定して過ごせるようになるにつれ，そのような労力を大きく上回る報いがあることを実感できるはずです。専門家から，自閉症の理解，構造化，視覚支援についてコンサルテーションを受けることもお勧めします。

構造化や視覚支援によって，自閉症の人が周囲の環境の意味や支援者側の意図を理解して行動できるようになると，とても落ち着いて作業や生活に取り組めるようになります。これは，支援者側が伝えた視覚的なメッセージを利用者側が理解して動けるようになることで，受容性のコミュニケーションと言います。しかし，実はこれだけでは十分な視覚支援とは言えません。**事例10**のように利用者の方で何か伝えたいことがあるけれども，その方法がわからないのでいろいろと風変わりな行動をすることがあります。これは，表出性のコミュニケーションの問題なのです。私たちが自閉症の人のコミュニケーションを理解することの難しさは，彼らが実際に伝えている内容（事例では"コーヒーやお茶を捨てる"）と本当に伝えたいこと（"コーヒーが飲みたい"）の間に不一致があることです。彼らのコミュニケーションを支援するためにはまず，本当に伝えようとしていることは何かをアセスメントします。これがコミュニ

ケーション・サンプルです。そして，伝えたいことがわかったら，それを伝える方法を支援します。事例のように絵カードを交換することでコミュニケーションを支援する方法は，メッセージが目に見え，相手にカードを渡すことで伝えたり，注意獲得したりする機能も備わっているので自閉症の人にとても効果的です。これはPECS（絵カード交換式コミュニケーションシステム）のアイデアを取り入れたもので，重度から機能の高い人まで応用できます。PECSは指導方法としても体系化されており，TEACCHでも採用されています。

（服巻　繁）

〈参考資料〉
　坂井聡（2002）『自閉症や知的障害を持つ人とのコミュニケーションのための10のアイディア』エンパワメント研究所
　社会福祉法人侑愛会おしまコロニー星が丘寮　　http://www15.ocn.ne.jp/~hoshiryo/　（2008年2月）
　社会福祉法人横浜やまびこの里　　http://www.yamabikonosato.jp/　（2008年2月）
　社会福祉法人菜の花会しもふさ学園　　http://www5f.biglobe.ne.jp/~shimofusagakuen/　（2008年2月）
　社会福祉法人あさひ会朝日山学園　　http://www.kumin.ne.jp/asahiyam/（2008年2月）
　服巻・野口ら（2000）「こだわりを利用した一自閉症青年の行動障害の改善——機能アセスメントに基づく代替行動の形成」『特殊教育学研究』37（5），35-43．
　服巻（2001）「成長を見通して一貫性のあるサービスを目指して——自閉症青年の支援プラン」『mindixぷらざ』7（3）18-21
　ロリ・フロスト＆アンディ・ボンディ著（2005）『絵カード交換式コミュニケーションシステムトレーニングマニュアル第2版』ヴィレッジ出版
　ロリ・フロスト＆アンディ・ボンディ著（2006）『自閉症児と絵カードでコミュニケーション——PECSとAAC』二瓶社
　ピラミッド教育コンサルタントオブジャパン株式会社　　http://www.pecs-japan.com

# Ⅳ 就労現場における支援の事例

　我が国では，成人期に達した自閉症者が就職するといった事例は数多くありません。しかしながら，構造化のアイデアを用いることによって多くの自閉症者が就職しているのも事実です。就労現場こそ，この構造化のアイデアを最も使いやすい場所ではないでしょうか。
　今回は福祉施設から就労に至った自閉症者の構造化による支援事例を紹介します。

## 事例11

### 重度知的障害を伴う自閉症者に対する一般就労を目指した取り組み

#### 1．対象とする自閉症の人の特徴

　25歳男性：高等養護学校卒業後，入所更生施設を経て現在，通所授産施設へ
　知的レベル：IQ24（鈴木ビネー式）
　療育手帳A：WAIS－R　言語性IQ 測定不能　動作性IQ58　全検査IQ54
　主な特徴：発語はエコラリア（オウム返し）が多く，会話の成立は困難ですが，聞き慣れた単語であれば2段階の言葉による指示理解ができます。また，活動中に突発的に奇声を上げたりジャンピングすることがあります。文字の意味理解は困難ですが，ひらがなを読むことができます。

#### 2．支援の内容

　WAIS－Rの検査結果は，言語性の下位検査5項目中4項目が評価点が1で測定不能ですが，動作性の突出した高い評価により全検査IQは54と高く引き上げられています。言語性との差が大きいため，全検査IQの信憑性は低いと言えますが，動作性において積木模様と組み合わせにおいて平均よりかなり高い評価点と符号の評価点から，器用であること，マッチング能力が高いことがわかりました。その点を生かした支援を行い，単純作業による就労の方向性を考えて企業実習を計画しました。

また、AAPEP（p.20 **コラム2参照**）の検査結果において、苦手とするコミュニケーションにも芽生え反応が多く、マッチング能力を生かした、カード提示やモデリング・ジェスチャーなどの視覚的支援の方法により、一般企業での自立を想定したコミュニケーション方法の支援を行うことにしました。

### (1) チェック式のスケジュールを使用

一般企業内で使用するため、簡易で持ち運びのできるスケジュールとしました。

時間の概念はありませんが、会社の人の目安のために記入してあります。本人は、一つの項目が終わるごとにチェックをして、次の行動に移ります。

極力、変化のない作業を調整していますが、やはり企業内では作業状況が変わることもあります。スケジュールを追加または変更する必要が起きてしまったとき、彼のスケジュールには想定される時間帯の所に空白があり、追加するときは、そこにできる限り事前に記入しておくことで、彼の場合は適応することができます。休憩時間は、終了時間になっても気付けないため、スケジュールに書かれている数字を自分でタイマーにセットし、鳴ったら仕事に戻っています。

写真1

### (2) タイムカードは個別化

施設作業時のアセスメントで、同じフォルダ内の他人のタイムカードもすべて押してしまわないと気がすまないということがあり、彼のフォルダを別にすることで改善しました。

今回の企業実習でも、それを踏まえて事前に個別化することで、社員のタイムカードを気にすることなく、自分のタイムカードだけを押しています。

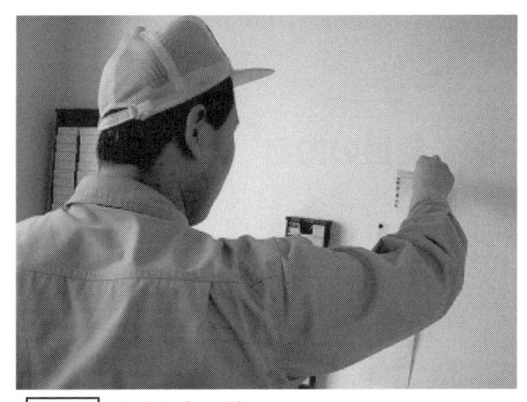

写真2 タイムカード

## (3) 作業の指示を視覚化

作業自体は、豆の入った小袋の余り部分を、3回折ってたたんでテープで留める作業と、それをダンボールに入れてガムテープで留める作業がメインです。

作業のやり方は、システマティック・インストラクションによって早い習得ができましたが、ダンボールに入れる数量が豆の種類によって異なり、自己判断は困難なため、何段で何列が溜まったらダンボールに入れることを、カードにして社員の方から提示してもらうことにしました。

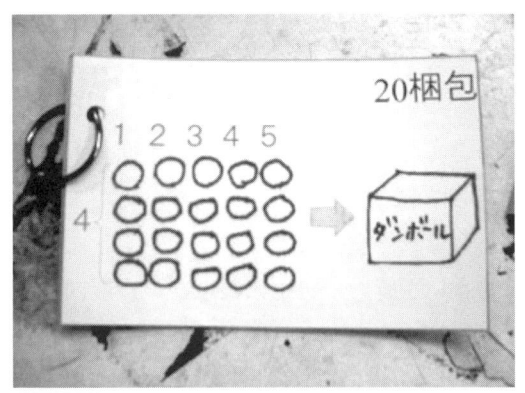

写真3 箱に入れる数の指示書

写真4 箱に入れるところ

また、落ちている豆が気になり、1粒見つけるたびに離れた場所にあるゴミ箱に入れに行くことがありました。作業効率もさることながら、狭い作業環境で本人は相手を意識して避けることがうまくできないため、他の社員とぶつかりそうになることがありました。そこで、作業テーブルに小さな豆入れ専用箱を用意して、入れてもらうようにすることで、一度は立ち上がりが無くなりましたが、支援者のフェーディング後に専用箱に1粒入れてからそれを持ってゴミ箱に入れに行くようになったと相談があり、今度は、専用箱の内側にマジックで線を引いて、溜まったら入れに行くことを提示しました。それにより、立ち上がりも減り、接触等の2次的な問題も避けられています。

写真5 拾った豆を入れる箱

写真6 スケジュールチェック

また，彼は自発的なコミュニケーションは得意ではありませんが，それは方法がわからないだけであり，自力で解決しようとすることが2次的に問題となってしまうことが施設内で多々ありました。例えば，腹が痛い時に訴えることができず，自分で薬を探して回り，間違った薬を飲んでしまうこと等です。そのため，会社でもそのようなコミュニケーションを必要とする場面では，検索式ファイルからのカードをパート社員に渡すことにしました。報告ができず，材料が無くなった瞬間に立ち上がって自分で探し回ったり，見つけた規格の似ている別の商品を混ぜてしまうことも考えられるため，それによって未然に問題を防ぐことができています。

今回の職場環境では，企業と施設側の関係がもとから築かれていたため，このような取り組みの理解をしてもらうことができています。しかしながら，繁忙期である企業の中で，彼がいることで業務に支障が出ないよう，支援者は社員やパートさんと話し合いを行い，負担にならない程度に，彼に対してサポートしてもらいたい部分を依頼しています。

写真7　パートさんに報告するところ

### (4) 仕事以外の時間の調整

やはり，休憩時間が課題となりました。テレビは社員さんたちが暗黙の了解でNHKを見ているのですが，テレビの前をふさいでチャンネルを「笑っていいとも」に変えてしまったり，それができないとなると事務所に入って行こうとしたりしました。

また，社員さんたちがいいよと理解してくれているとはいえ，今後の就労の方向性として必ずしも同様な環境ではないため，社員さんたちにも事情を説明し，改善する必要性がありました。

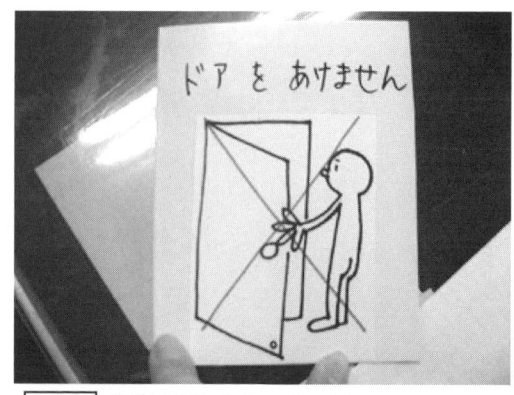

写真8　事務所に入らないカード

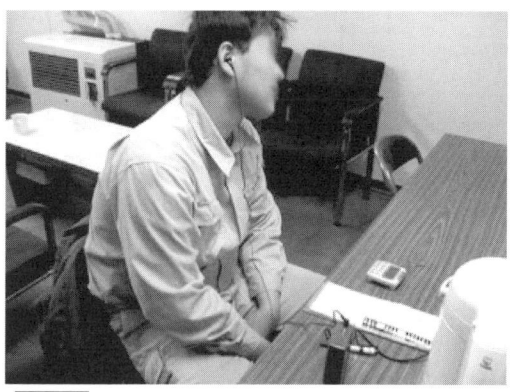

写真9　休憩時にラジオを聞く様子

支援者は検討して，明確に禁止を伝えるカードを用意しましたが，一方では，昼休みは10分以内に食事は終えてしまい50分もの時間が無目的になってしまうことが原因で問題行動が起きているため，代替活動としてその時間の過ごし方をラジオを聞いたり好きな絵や字を書く活動を用意することで，それに集中して，ときどき大きな声は出しますが，その点のみ理解してもらい，他の問題行動はなくすことができました。

### (5) トークン（対価）の活用

こだわりや，決まりを守ることはやはり何点かあります。洗濯のこだわりなどがあり，なんでも洗濯機に入れてスイッチを入れてしまうため，会社内では行わない決まりとし，他の4種の決まりも併せて，一日の最後に支援者と表で確認します。守れていたらトークンをもらい，10個溜まったら自分で

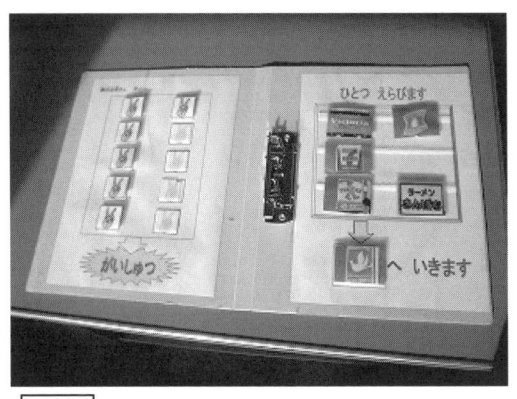

写真10

選択した活動（現在は買物や外食など6種類）ができます。ときに失敗もありますが，それを動機として守って活動をしています。

## 3．支援の結果

以上のような支援により，支援者は社員と話し合い・調整を進めながら，下表のように少しずつ支援を減らして社員のナチュラルサポートへ移行していきました。8日目にはいったん，支援者が終日職場を離れるまで支援を減らして，フォローアップ（定期訪問）による間接的な支援に移行することができました。

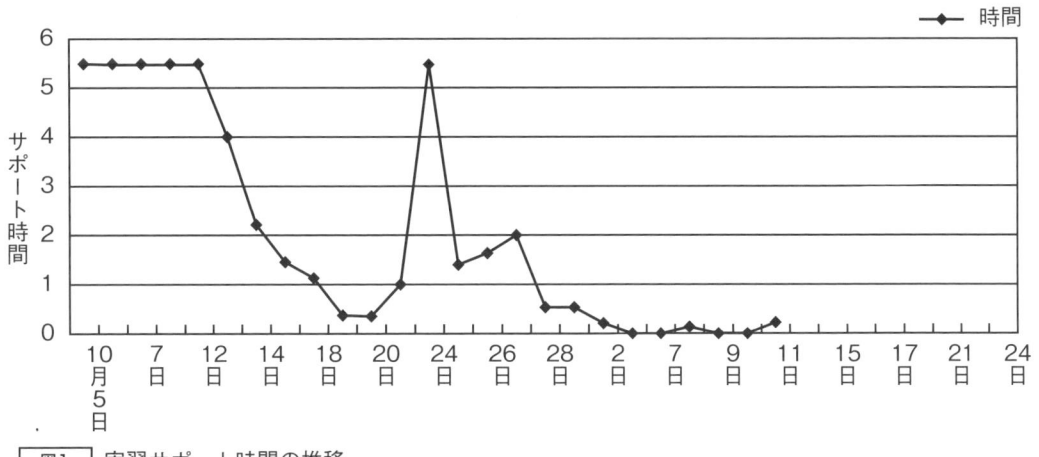

図1　実習サポート時間の推移

## 4. まとめ

　重度の知的障害を伴う自閉症の人が一般就労するためには，仕事以外にも様々な課題に直面します。今回は，事前の本人へのアセスメント（WAIS-R・AAPEP や施設内作業・生活の様子）と職場環境（実習先の企業内）のアセスメントがなければ，必要な支援のイメージを持ち，実習先で必要な事前の構造化の準備ができず，本人・支援者・企業みなが混乱してしまったことと思います。また，将来の一般就労を目指すうえで必要な課題が，実際の職場環境で実習することでわかりました。それは，施設内の作業ではわからなかった問題や，本人の能力だけではなく，実際の職場環境において支援者側のどのような支援が有効であり，どのような支援に効果が得られなかったかも知ることができました。また，その中でも構造化のアイデアを使った取り組みが有効でしたが，そのためにも職場内で障害特性を理解してもらうことと，職場環境の調整をさせてもらう必要性がありました。一般的に奇異に見える場合がある構造化も，自閉症の障害特性を一般の人にわかりやすく説明して理解してもらうことで取り組むことができています。

　支援者の取り組み結果が見てわかると，一般の人にも「なるほど」「そうやったらできるんだ」といったように，より理解してもらうことにつながっています。そこから一般のパートさんによる本人へのサポートが生まれていることも感じました。このような取り組み結果から，重度の自閉症の人も構造化により一般就労移行が可能と考えています。

〔窪田篤人〕

## ■実践事例のコメント■

　自閉症の人は，特定の作業能力が高くても，臨機応変に行動できない，集団での活動が苦手，こだわりが強い，対人面でのトラブルがあるといったことから，作業所などでの福祉的就労は可能でも，一般就労は難しいと考えられていました。しかし，TEACCHプログラムが実施されている米国ノースカロライナ州では，施設で暮らす自閉症の人は8％しかいないという統計結果が出ており，ほとんどの人がグループホームか在宅で暮らしています。そして都市部においては，職に就いている人の割合も非常に高いのです。元々ノースカロライナ州においてTEACCHが目指していたのは，自閉症者の地域での自立生活で，その延長線上の一つが就労です。TEACCHが就労に取り組む背景には，世界的なノーマライゼイションの動きとともに，知的障害者の就労に関して米国ヴァージニア州でジョブコーチによる就労支援が始まったこともあります（梅永，1999；小川ら，2000）。その中で援護就労部という部門を作り，自閉症の人に特化した就労モデルを開発してきました（佐々木，1993）。

　本事例のように，知的に障害を持つ自閉症の人が一般の事業所で就労を成功させるためには，どのような取り組みが必要なのでしょうか。あらかじめ学校で集団行動が取れるようになっていたり，対人関係が取れたり，こだわりをなくす必要があるのでしょうか？　職業訓練学校などで職業スキルを訓練する必要があるのでしょうか？　そのようなスキルを身に着けた人だけが一般就労できるのでしょうか？　発想はその逆で，その人の特性や強みに合わせて職場を探して作業内容を決め，苦手な点や弱みに関しては作業内容や職場環境を構造化して職場の人と調整しながら実際の職場でトレーニング（実習）することで就労支援を進めていきます。その中心的役割を担うのがよくトレーニングされた優秀なジョブコーチです。

　本書では触れられていませんでしたが，ジョブコーチは職場で仕事の実習をさせてもらえる事業所を探します。これはかなりの労力が必要ですが，そこで運よく事業所が見つかったら本人と事業所について詳細なアセスメントを行い，最低限の環境設定と構造化を準備して実習の開始です（詳細は参考文献を参照してください）。

　他の従業員と全く同じ作業内容で同じ仕事をする必要はありません。本人にとって得意なこと，強みを生かして作業内容を絞ります。組み立て，袋詰め，掃除，分解，分類，マッチングなど得意なスキルがあれば，それに応じて作業内容をアレンジするのです。事例の男性は，袋詰めされた豆をテープで留め，ダンボール箱に詰めるという作業をしており，そのための場所を設定してもらうように事業所に要請します。

　自閉症の人は，様々な苦手な点や難しい面があり就労は難しいと思う人もいるでしょう。事例の男性は，豆が落ちているのが気になり，いちいち捨てに行くというこだわりがありましたが，豆を入れる箱を用意しただけで改善しました。こだわりはな

くなっていませんが，問題は解決できるのです。コミュニケーションも弱みの一つですが，代替コミュニケーションを教えてあげることで従業員に必要なことを伝えられるようになりました。また，事例では休憩時間の過ごし方で問題がありましたが，休憩時間に別の余暇活動を提供し，ルールを視覚的に示すことで改善が図られました。事例のように他の従業員と一緒に無理に集団で過ごすことを強要しなくてもよいのです。休憩時間に適切に時間を過ごすというのは，就労を成功させるうえで大きな要因の一つです。また，見通しを持って臨機応変に動くことは難しいので，視覚スケジュールを用意して自立して行動できるように支援します。皆さんもそれぞれ手帳を持ってご自身のスケジュールを管理していると思いますが，スケジュールの指導も一貫して必要なスキルの一つです。

　自閉症の人は得意な作業を安定して行うことはできるのですが，それを持続させたり，ルールを守って行動したりするうえで動機付けに欠ける場合があります。動機付けを補うものとして事例で紹介されているトークンシステムを使うと効果的です。私たちは，労働の対価として給料をもらい，その給料で生活に必要なものを購入したり余暇を楽しんだりしています。トークンシステムは，単に動機付けを高めるためだけでなく，基本的な「仕事－報酬－楽しみ」といったサイクルを理解するうえでも役に立ちます。

　このようにジョブコーチは，単に自閉症の人を理解し環境を構造化するだけでなく，粘り強く事業所や従業員と交渉する力を必要としています。本事例の就労支援では，ジョブコーチによる支援から職場の人による支援へと徐々にナチュラルサポートへ移行させていきました。これはヴァージニアモデルとTEACCHモデルの混合型と言えるでしょう。

　本事例の冒頭にもありましたように，まだまだ知的障害を持つ（高機能やアスペルガー症候群の人も）自閉症の人の一般就労の事例は多くありません。これからの課題は，養護学校の中学部や高等部で，就労について発想を変えて取り組む必要があると思います。作業学習などは，地域の産業や自閉症の人が働きやすい作業などを反映して選ぶ必要があるでしょう。集団行動や対人スキルを特別に強調しなくても，それを補う方法があります。それよりも上記で紹介したような実際の就労現場で必要なスキル（スケジュールや視覚的ルールに従う，適切に休憩時間を過ごす，その人に合った作業スキルや余暇スキルを見つけ向上させる，トークンなど動機付けのシステムを学ぶ，実際の就労現場での実習など）を優先して取り組む必要があるでしょう。

　現在，日本ではTEACCHを就労現場に取り入れるための活動を行っている実践家の全国組織，就労支援の民間組織が活発に活動しています。一方で，福祉行政では障害者自立支援法の中で就労支援に対する法律的，制度的なバックアップ体制が整いつつあり，教育行政では特別支援教育もスタートしました。それを受けて専門性を持っ

たジョブコーチを派遣する福祉事業所などがたくさん誕生し始めました。今こそ学校教育から就労や地域生活への移行のシステムを構築していくチャンスです。

(服巻　繁)

〈参考資料〉

梅永雄二 (1999)『親，教師，施設職員のための自閉症者の就労支援』エンパワメント研究所

小川浩・志賀利一・梅永雄二・藤村出 (2000)『重度障害者の就労支援のためのジョブコーチ実践マニュアル』エンパワメント研究所

E. ショプラー・佐々木正美監修 (1990)『自閉症の療育者——TEACCH プログラムの教育研修』㈶神奈川県児童医療福祉財団

社会福祉法人横浜やまびこの里・仲町台センター　http://homepage2.nifty.com/web-jobcoach/（2008年2月）

NPO 法人ジョブコーチ・ネットワーク　http://www.jc-net.jp/（2008年2月）

藤村・服巻・諏訪・内山・安部・鈴木著 (1999)『自閉症のひとたちへの援助システム——TEACCH を日本で生かすには』朝日新聞厚生文化事業団

G. メジボフ (2001)『自閉症の人たちを支援するということ——TEACCH プログラム新世紀へ』朝日新聞厚生文化事業団

佐々木正美 (1993)『講座自閉症療育ハンドブック』学習研究社

第2章 様々な場面における構造化による支援

# V 医療現場における支援の事例

　学校や施設といった自閉症に対する知識の豊富な専門家のいるところでは，構造化もずいぶんと進んできていますが，自閉症の人たちは床屋や歯医者など何をされるのかわからないところでは不安に感じ，もっとも構造化が必要なところと思われます。
　医療現場では，歯医者と人間ドックにおける構造化による実践報告をお願いしました。

## 事例12

### 歯磨きがうまくできない自閉症児に対する構造化による支援

### 1．現　状

　ハブラシを見るだけで逃げ出してしまう。口の周りがとても過敏で，長い時間口を開けておくことができない。また，磨こうとしてハブラシを口の中に入れたら強く噛んでしまって，毛束が乱れハブラシがすぐに傷んでしまう。

### 2．対応方法

　なぜ拒否が起こるのか考えてみましょう。何も先入観がなければ，ハブラシを見ただけで逃げるということは考えにくいですね。過去の体験でハブラシを通して嫌な思いをしたから，見ただけでも嫌になってしまうのかもしれません。
　しかし，嫌がるからといって，慌てて抑えたり追いかけたりしては逆効果です。
　まず，身体の一部に「口」があることを知ってもらうことから始めましょう。当たり前のように知っている口の存在ですが，その位置をよく考えてみると，口は眼下にありますので直視することができません。ですから，その存在の認識がなされていない場合もあります。そのわかりにくい存在自体が，口腔領域の苦手意識を引き起こす一因を担っていることも考えられます。
　手を洗うときは手元が見えて視覚的にも理解しやすいのですが，歯を磨くときは鏡

がなければ自分の歯を視覚的に理解することはできません。第一歩として，全身の映る鏡で口腔内を見てもらうことを始めましょう。全身を通して口腔内を見るといった行動が，自分の身体の中の口腔という部分に興味を持つきっかけとなります。直視したことのない口腔という部分を鏡で見ることは，視覚的理解力の優れた自閉症児・者にとってはよりよい理解の一助を見出す可能性があります。

　鏡だけではわかりにくいときは絵を使うことも考えられます。口が汚れている絵（A）から，口のきれいな絵（B）の間にハブラシをぶら下げ，現状は汚れているけれど，この道具を使ったら結果はきれいになる，といった理解を促す手立てが有効な場合もあります。ここで確認しなくてはいけないことは，「口腔内の汚れている図＝よくないこと」という認識が確立しているかということです。もしも，そういった概念がない場合は，「汚れ」がどうしていけないのかを伝えましょう。私たちがよくする示し方としては，汚れにバイ菌の絵を描いてみたり，×マークを付けたりします。このほかにも苦手なキャラクターを示してみたり，嫌いな色で塗りつぶす，また，嗅覚の優れた人には，苦手な匂いも有効かもしれません。

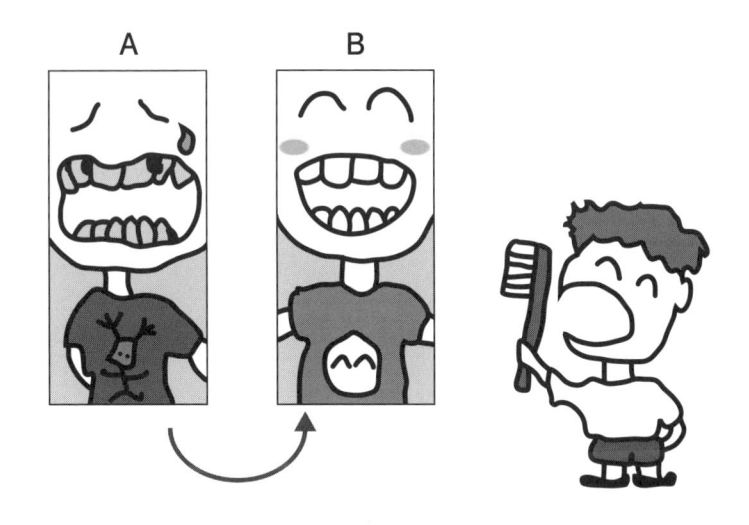

　ほかにも，モデリングやルーティンも有効です。といっても，そんなに難しいことではありません。いちばん身近なモデリング，それは，親御さんや介助者などのキーパーソンとなられる方が，口腔内を大切に磨いている姿を見せてあげることです。そして，毎日それを続けてもらい，生活の中に取り入れてもらうことから始めましょう。方法は一つではありません。支援者が柔軟な発想を持ち，個々に見合った支援を見つけましょう。

　また，ハブラシを噛んでしまう場合は，「噛む用のハブラシ」と「磨く用のハブラシ」を分けて使う方法もあります。「噛む用」を噛んでいるすき間に「磨く用」を入れて磨くと操作もしやすいですね。

## 3. 結果・考察

　保護者や介助者は，習慣を押しつけるための工夫を探すのではなく，本人の自発的行動へとそれが移行する手助けに重きをおいてアプローチしてほしいものだと思います。構えない姿勢が大事です。親御さんが，「さぁ，みがくよぉ！」といって抑えたり，逃げ回るのを無理に連れてきたりすると，歯を磨くこと自体ではなく親御さんの様子をみた子どもさんが不安になり，それが混乱の原因の一つになっている場合もあるかもしれません。「歯磨きの時，お母さんいつもこの歌をうたってくれる」「歯磨きの時，お母さんいつも笑顔だ」というプラスのイメージこそ成功への近道のような気がします。それに，うまく磨けたら口腔内に心地よい感触が広がります。この心地よさを，本人が口の触知覚で覚えてくれたら最高ですね。

（高原　牧）

# 事例13

## 歯磨きの順番がわからない自閉症児への構造化による支援

### 1. 現　状

どこから磨いたらいいのでしょうか？　歯磨きの順番が決まっているほうがいいのでしょうか？

長時間，一定の体勢を保つことが困難で，一度に全部磨けないから，いつも決まった部分しか磨けていない。

### 2. 対応方法

「歯磨きの順番を教えてください。」という質問は，患者本人や親御さん，施設の職員などから多く寄せられます。「本人磨き」の際は，自らが爽快感を確認しつつ磨くので，順番が気にならないという人もいますが，「介助者磨き」の時には，「どこが磨けているのか？」「磨き残しはないか？」などを解決するために磨く順序を決めたいという場合もあります。

歯磨きの順番，それは決まっていません。けれど，この答えにもまた個人差があります。自閉症の人は，自分で順序を決めている人も多いです。右上から上の前歯，左上，左下，下の前歯，右下と，お口の中にカタカナの「コ」の字を描くような順序で10カウントずつ磨いている人もいらっしゃいます。また，表側をすべて磨いたら，次に裏側という人もいます。順序を決めることで一定の習慣が身につき，口腔衛生習慣が生活習慣の一つとなりやすいので，リズムよく歯磨きをこなしたい人には順序付けは有効であると言えます。

### 3. 結果・考察

歯磨きの手順ツール（歯磨きカードの次項目で説明します）があれば，まんべんなく確実に磨くことの手助けになります。1日に全部磨かなきゃと勢いだけで磨いてしまうと，毎日同じ箇所ばかり磨いてしまい，苦手な箇所は「全く磨けていない」ということになりかねません。1日で全部を磨くのは大変だというときは，3日ほどですべてが磨けるぐらいでもかまわないので，口の中をブロック分けし（例えば右，前，左というように3ブロック）3日間ですべての歯面に歯ブラシが当てられるようにします。

## 第2章 様々な場面における構造化による支援

　他に,「歯磨き圧」についての質問も多くあります。この目に見えない微妙な手加減をどのように習得してもらえばいいのでしょうか？　ここでは,「鈴」を使います。歯ブラシのそのほとんどには,柄の端に小さな穴が開いています。そこに紐で鈴を結びます(穴が開いていない歯ブラシの場合はテープか何かで止めてください)。ブラッシング時の振動がかなり大きく,まるでおなべを磨いているかのようなストロークで歯磨きする人の場合は,「鈴がならないように」という目標のもとに磨く練習をしてもらいます。このとき,紐を短くしたり,紐を針金にしたりすると,相当の振動でなければ鳴らないと思いますので,徐々に負荷を調整していくのがいいかと思います。逆に,ブラッシング時の振動がほとんどなく,ただ口にブラシをくわえているだけという人の場合は,「鈴が鳴るまで」という目標を定めます。このときも先ほどと同様に紐の長さを微調整し,本人が少しずついい状態を達成できるように支援することが大切です。スモールステップで徐々に練習を進めていきましょう。

（高原　牧）

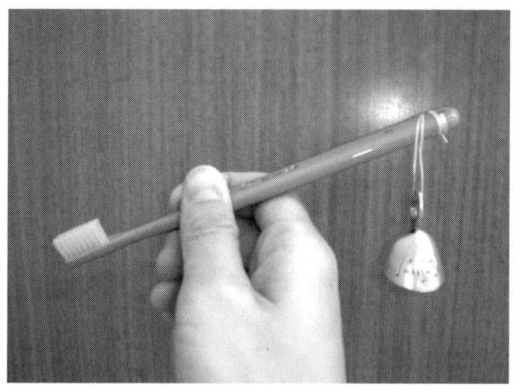

## 事例14

# 歯磨きカードが必要な自閉症児に対する構造化による支援

## 1. 現　状

歯磨きを日常に取り入れたい。場所が変わっても同じように磨けるようにしたい。うがいの習慣がない，またはうがいに執着し，次の行動に移行できない。

## 2. 対応方法

「歯磨きカード」とは，歯磨きという活動に「いつもの手順」を決めて，それをカードにしたものです。自閉症の人は特に，「いつもの手順」があるとスムーズに活動しやすい特徴がありますので，その特徴を生かして習慣化しましょう。

歯磨きカードの作り方を順に説明します。

### (1) 周期を知る

周期とは，その人がどの程度の頻度で歯を磨いているかということで，その周期を知ることがまず大切です。毎日なのか，隔日なのか，それとも不定期なのか。それによって，カードの周期も違います。例えば，決まった曜日だけ全体を磨くような人の場合は，「月曜日カード」「火曜日カード」というように，曜日ごとのカードを順次作成するとよいでしょう。いつも同じカードを使うよりも楽しめるかもしれません。また，週末だけはじっくりと朝昼晩磨くという場合は，「いつものカード」と「週末用スペシャルカード」など，個々に合わせた工夫をします。

### (2) 1日の量を知る

次に，1日の量を考えて，それを順にカードにつづります。無理なく，欲張らず，毎日の習慣として継続しやすい課題にしておくことが大切です。

1日の量は，3分以内ぐらいで終了できる程度のものがよいでしょう。本人が見通しを持てないほどの量になると，歯磨きの時間帯に行うべく他の衛生活動（着替えや洗顔など）に移行しにくく，歯磨きだけに執着してしまい，時間のコントロールを難しくさせることも考えられます。

### (3) 「はじめ」と「おしまい」を加える

　最後に,「歯磨き前後の活動」をカードに付けてください。何でもよいのですが,このとき,「お風呂」とか「就寝」などのような日によって活動の順序が入れ替わる可能性があるようなものにしてしまうと,予定の変更があったときに,カードが逆に混乱を招く場合もあります。したがって,カードの前後には「コップに水をためる」とか「歯ブラシを洗う」など「歯磨き活動」に付随するものがいいでしょう。もともと歯を磨くという活動はどこまで磨いたら終わりなのかがわかりにくいものなので,特に「おしまい」の活動は明確に存在しているほうが,終了が明示しやすく活動に区切りがつきやすくなります。

　次に,うがいについてですが,うがいには大きく分けて二つの種類があります。「ぶくぶくうがい」と「がらがらうがい」がそれです。

　歯科領域で言ううがいは,前者の「ぶくぶくうがい」を示すことが多いです。「ぶくぶく」の練習は,まず水を口に含まないで,内側のほっぺと歯茎との間に空間を作る練習から始めるといいかと思います。頬をぷっくりと「あっぷっぷ」する要領で空気を含みます。視覚的な理解力が強い自閉症の人の場合,目の前でして見せてあげるのも効果があります。どうしても口唇が開いてしまいそうなときは,軽く指先で閉口を促してあげてください。それができたら,次は口に水を含んで,ほっぺにためて吐き出す練習をします。その後に右,左に水を移動する練習です。常温の水よりも冷やしたもののほうが意識を向けやすく,理解しやすい場合もあります。1回でもできたら,そのときにたくさんほめてあげてください。どの状態が正解なのかを口の感触で学んでもらえたらいいかと思います。「ぶくぶく」を延々と続けてしまうような場合は,水の量をペットボトルやコップにためた水で決めておくこともわかりやすい支援となります。水道の蛇口から流れ出る水は,見通しを持つという点では非常にわかりづらいものではないでしょうか。

（高原　牧）

Ⅴ 医療現場における支援の事例

## 事例15

# 歯医者さんに行く前にできること

## 1．現　状
虫歯があるようなので，歯医者さんに行かなければならない。

## 2．対応方法
　まず，患者さんは歯科に対してどんなイメージを持っているでしょうか？　このイメージには何気ない日常の習慣や，親御さんの言動がかかわってきます。

　家庭や施設で歯医者さんについてお話をする時に「絶対に怖くないからね！」や「痛くないよ！」と説明される親御さんや職員の方が多くいらっしゃいます。そういった固定概念で子どもたちは，「歯医者さんって，ひょっとして怖いところなのかな？」とか，「痛いことをされたらどうしよう……」と不安になるのです。

　また，歯科とは全く関係のない場面で何かいけないことをした時に，「そんなに悪いことしたら，歯医者さんに行って歯を削ってもらうよ！」と叱ってみたり，さらにひどい場合は，「嘘つく子は歯医者さんで歯を抜いてもらいますからね！」などと，歯医者さんを悪者にするような叱り方をされている場合もあるようです。哀しいことですが，歯医者さんは親御さんから見てもよいイメージはないようなのです。そういった悪者のイメージは取り払ってもらえたらと願います。

　月に1回のブラッシング指導からでもいいので，日常の中に「歯医者さんとの時間」を加えるのも一つです。「今日は第1月曜だから歯医者さんだねー」といった感じで声をかけたり，カレンダーに記入したりし，「たのしみ」に変えていきます。

　自閉症の人を診療する時，問診で親御さんからのお話を聞かせていただきます。その時に「親御さんのおっしゃっていることはわかるし，何らかの支援をしたいが，実際はどう動いたらいいかわからない……」と言う医療従事者もいます。本などで得た知識を，いざ臨床の場でどのように支援につなげるのかが難しいのです。

　それに，親御さんのほうも「歯科だけでなく医療面での支援ツールは，診療の流れや器具がわからないからうまく作れない」という場合もあります。けれど，医療知識が全くなくても作ることができて，自閉症の障害特性に対する理解を深めてもらいやすいサポートグッズもあります。その数種類を紹介しましょう。

第2章 様々な場面における構造化による支援

### (1) 土足禁止

診療室に一歩足を踏み入れたとき，私たちは横にスリッパの棚があれば理解して靴を履き替えますが，自閉症の人は視野にそれが入らなければすっと素通りしてしまうこともあります。まず，視覚に入りやすい情報の提供を心がけてもらうことの大切さを伝えましょう。土足禁止の表示を視覚的に伝えると一目瞭然で，中には靴の絵の上にきっちり揃えてくれることもあります。

### (2) 受　付

「ここは，どこなの？」「診療室かな？」と，初めての来院時や，久しぶりのとき，場所に対する不安が募ります。この場が何であるかを自然に伝えることができるように，受付に歯科を表すような様々なものをそろえておきます。また，受付の写真を撮影させてもらい，自宅で使う1日のスケジュールに組み入れておくとわかりやすくなります。

### (3) 診療台

診療台に座りたくなくて逃げていくのでなく，診療台そのものの使用目的や，自分の身のおさめ方が不明瞭なので，その場をどのように過ごしたらいいのかわからなくなり，混乱を起こして逃げてしまっている場合もあります。

「ここに座ります」「背中つけます」と示すだけで，今まで意味のわからなかったこの白い物体が，実は「椅子」だったんだとわかってもらえます。ほかにも，人型を下に敷いてその上に寝てもらうように支援をすると、スムーズにあおむけに寝ころんでくれることもあります。

このようなルールも「暗黙の了解」的な感がありますが，自閉症の人にとって「暗黙の了解」は曖昧で苦手なのです。

あわてて手を引いて連れ戻そうとする前に，診療台に座ってもらいやすい環境を設

定することが大切です。着座できたらそれが正解であることを伝え，座位を維持できるような支援も必要です。あわてて処置に移行しないで徐々にできることを増やしていくことが大切です。

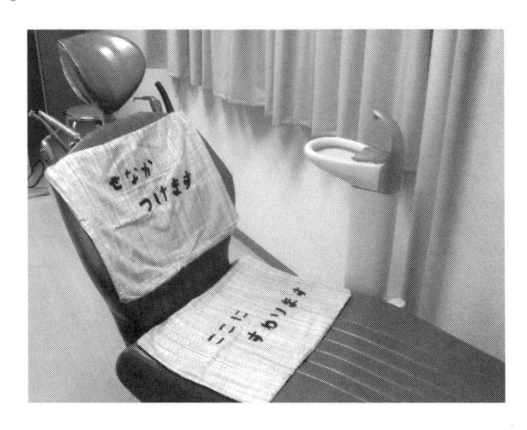

### (4) 診療室のルール

　診療室の手ふき用タオルで口をぬぐってしまう患者さんがいる場合，どのような支援で適切な行動を促すことが考えられるでしょう。おそらく「自宅ルール」で，手を洗って，顔を洗って，口をゆすいで，タオルでふくという一連の動作があるのでしょう。「こんな簡単なこともできないから，一般の医院では迷惑かな？」と考えてしまう前に，何らかの支援手段があるはずです。「患者さんがわからない」のではなく，「こちらがわかるように伝えていない」ということが多々あります。タオルかけに「手ふき用」と書いて手の絵を描くだけで伝わることもありますし，ティッシュペーパーを横に置き，その箱に「口をふいてください」と表示するだけで理解の手助けになることもあります。

## 3．結果・考察

　事前にできることはいくつかあります。
　親御さんは，家族だからこそ知りえる情報をどんどん医療機関に伝えて，より良い支援へとつなげて欲しいと思います。お母さん，お父さん方は「些細な小ネタ」と思っていても，こちらからすれば，とても知りたい情報の一つなのです。

（高原　牧）

## 事例16

# 診察室での工夫

## 1. 現 状

　診療中は,「何をしているのか」,また「この処置がどんなふうに終わっていくのか」などが全くわかりません。音や機械に対する恐怖心があり,歯科が苦手です。

## 2. 対応方法

　何もわからないのでは患者さんが不安になるのも当然ですね。そこで様々な支援グッズを作成し,患者さんに流れの説明をし,おしまいの見通しを持って受診してもらえるようにしましょう。目的や患者さん個々の特性に合わせて使い分けています。

### (1) レントゲンの機械

　歯科だけではないですが,医療現場の機械や器具の類は無機質で冷たく,怖い感じがしませんか? そのほとんどが金属でできており,お世辞にも「優しい感じ」は醸し出していないものが多いです。レントゲンを撮影するための機械は,そのままですと大砲のような感じがして恐怖の対象となることがよくあります。レントゲンは,初診時の診断の際に用いることが多いので,患者によってはその機械が怖くて,それゆえに「歯科が怖い」に直結してしまう場合もあるのです。「歯科の第一印象」が「大砲」では泣きたくもなります。そこで,機械に布製の「ぞうさん」を貼り付けて,写真のようにレントゲンの印象をやわらげてみました。患者さんの安心できる環境を設定して,少しでもスムーズに処置できるような支援が必要ですね。

### (2) 処置の順番（絵で示す）

　今日の処置内容を簡単な絵で示し,その日の処置内容を伝えます。左から右への配列で,枠内に簡単な文字と絵を当てはめます。1枠目を簡単な項目にすることで,こ

V 医療現場における支援の事例

のボードに取っ付きやすくなってもらえますし，一度始まったら最後までというゲームのようなルールで最後まで処置を受けやすく，また，この方法がモチベーションとなり，「つぎ！」「つぎ！」とできる人もいます。

また，色の違う目印を作り，それを「フィニッシュシール」として貼っていくと，今どこまで進んだかということもよくわかります。各項目の終了時にこのシールを自分で貼って，楽しみながら受診してくださることもあります。

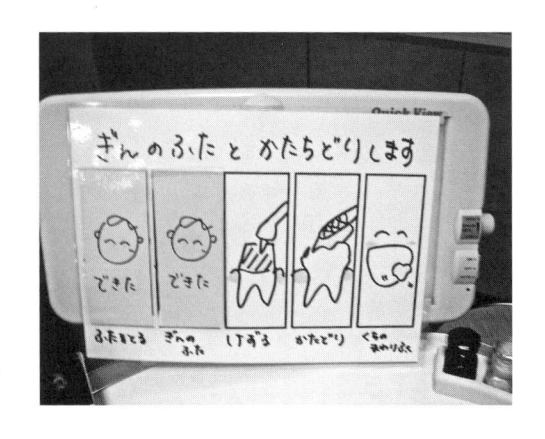

### (3) 診療の順番（写真で示す）

手順やスケジュールを写真で示すほうがわかりやすいという患者さんもいます。縦2列の配列で10個のポケットが付いているタペストリー型のスケジュールです。これはミシンで作成したものですが，意外と簡単にできます。大きな布に「いっしょにしましょう」という文字と数字を付け，ポケットは100円ショップなどで売っているカードケースをそのままミシンで貼り付けます。下には終了したカードを外して入れていく袋を作ります。上に折り返しとマジックテープを縫いつけたらできあがりです。作成は簡単で，かつ丈夫です。おうちでも十分作ることができます。枠組みができたら，後は診療室で器具やスタッフの写真を撮らせてもらってください。その場でできるインスタントのカメラなどがあると便利です。簡単にスケジュールができます。この方法は，細かな変更や日によって違うものも，症例に応じてその場で組み替えることができるので便利です。

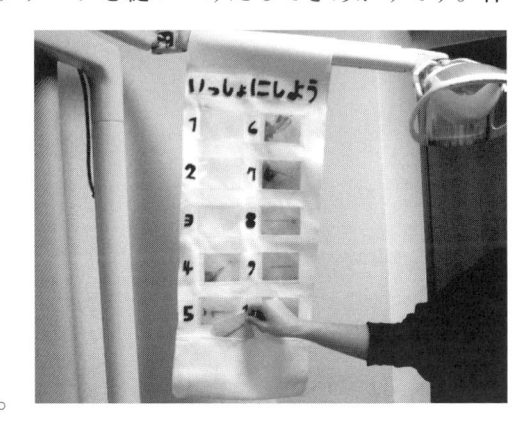

### (4) 選択カード

一般論ですが，医療現場では患者さんがその日の処置を選ぶことはなかなかできません。「今日は歯を削って白いの詰めてほしい」とか「何がなんでも歯を抜いて」なんてありえない話です。けれど，こんな選択カードがあったら楽しいのではないでしょうか？ それが，「患者さん参加型3者選択ボード！」です。

まず，いくつかある選択カードの中から，患者さんと先生と歯科衛生士が三者で好

109

きなカードを選びます。そして，それを順番に3人で進めてこなしていくといったルールで診療を進めます。もちろん，先生と歯科衛生士はあらかじめその日の処置に必要な器具を選んでおき，患者さんには差し支えのないもののカードを混ぜて選んでもらいます。この方法で，患者さん自身が参加できる診療スタイルを確立し，苦手な処置も受けることができるようになります。

また，この方法が上手にできたら，徐々に項目を増やしていってもいいですし，先ほどのスケジュールタペストリーの中に好きなものを入れていい枠を決めておくなどして，診療に患者さんが参加しやすい方法を工夫しています。

このボードは，医療人側に作成を依頼してもらってもかまいませんし，「それはちょっと言い出しにくいなぁ……。」という場合でも大まかな診療の流れや使用器具などを事前に聞き，それを自宅で作ってもらってもよいかと思います。

### (5) 量を示す

絵カードの認識が難しい場合は，その終了までの量をわかりやすく明示することもあります。一度の診療で「10」を何回すれば終了できるかを視覚的に示すためのツールを作ります。今までも，診療中に「10」を数えて流れに区切りをつけていましたが，言葉だけでは，その全体量を伝えることがわかりにくかったのです。

このボード，一見，初めの段階で診療の時間を確定しなければいけないかのようですが，実際はそうではなく，「10」を数える間の取り方に変化をつけることで幾通りもの時間をコントロールすることができます。この「10」に多少の誤差が生じても，患者さん側への「量の明示」という安心感には誤差がなく，信頼関係の構築にもつながります。

### (6) 禁止を示す

歯科の診療台から早く退出したいと思うのは皆さん同じだと思うのですが，先生やスタッフの雰囲気や，診療の進み具合で「何となくまだ終わりじゃないなぁ……」などと思うからこそじっと寝ていることができます。

でも，自閉症の人はその何となくという曖昧な時間の意味が理解しにくく，ましてや診療台のすぐ横に靴があると帰ってもいいのかなぁと思います。慌てて止めようとすると余計に「嫌」を生む引き金となり，走って逃げてしまいます。そこで，使い捨てのタオルを患者さんの靴の上にかけ，見えないようにしてみます。すると，それをパッと見て診療台に戻ってくれることもあるのです。

「いやだー！ いやだー！」という理由で逃げていたのではなく，「靴あるし，履こう。もう帰っていいのかなぁ？」という思いの表出だったのです。

診療中，患者さんの手が口腔周辺に上がってきて，体の固定が必要になってしまう

ケースもあります。胴を固定するようなベルトを使う場合もありますが、手を入れておく場所をわかりやすく明示すると、伝わる患者さんもいらっしゃいます。「手を挙げないで！」と言葉で言うだけではなく、挙げてはいけないその手を、どこに置いたらいいかを伝えると、自分の意思でこの手袋ベルトに手をそっと置いてくれることもあります。

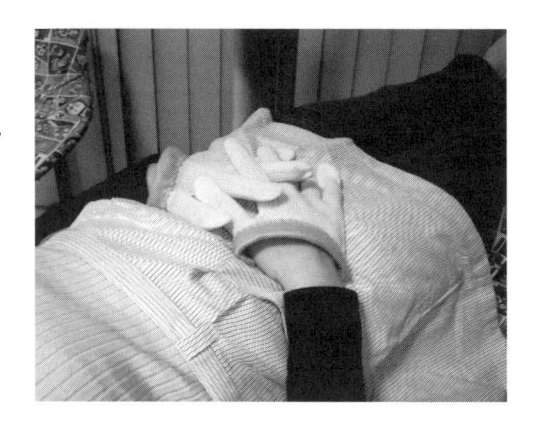

### (7) 予　告

　次回の予告を、手紙で送付することもあります。送付先は、もちろん本人宛で送ります。親御さんによると、本人宛の郵便物は普段あまりなく、あっても福祉事務所などが多いとのこと。そこで、敢えて本人宛に送り、注目してもらえるようにしてみました。内容は、いたってシンプルなものにし、次回の担当や予定処置などを簡単に書いて、その写真なども同封します。

　送付は、なるべく2、3日前に到着するようにしますが、これも個々によって違いますので、あらかじめ親御さんに聞いておきます。あまりにも早すぎると、予定が気になって他のことが手につかなくなったり、遅すぎると、急なスケジュールの変更に混乱してしまうなど問題がありますので、気をつけて個別に対応しています。

　「歯医者さん？」「苦手だ」「行きたくない」といった言葉を何度となく耳にします。その処置内容は苦手で嫌なことでも、その場は何かほっとできて、理解しやすい場所でありたいという思いで、日々、様々な工夫をしています。患者さんに教えてもらったたくさんのヒント、その一つ一つをまた別の患者さんに伝えていき、支援のつながりが広がっていくことを願っています。

　お口の健康を、全身の健康と心の健康につなげていけるように……。

　　　　　　　　　　　　　　　　　　　　　　　　　　　　　　　　（高原　牧）

第2章 様々な場面における構造化による支援

## 事例17

# 障害者人間ドックの構造化による支援

## 1. 対　象

　旭中央病院健診センターにおいて実施した「障害者の総合健康診断及び人間ドックを進めるモデル事業」について報告します。

　対象者は10名。年齢12〜36歳（成人8名，高校生1名，中学生1名）。男性7名，女性3名。10名全員に知的障害があり，6名が自閉症，1名が肢体不自由を併せ持っていました。健診項目は，身体計測，検尿，腹部超音波，胸部レントゲン，採血，心電図，診察（聴診，血圧），眼科検査（眼圧，視力）。10時頃受付，途中でおやつタイムをはさみ，13時頃終了。他の病院受診者と混在して検査を行いました。

## 2. 支援方法

　受診者への対応の基本方針は，①本人に状況，見通し，選択肢などをわかるように伝えることと，②環境の配慮，感覚過敏への配慮を行うこととしました。

　事前に，①「検査の段取りを説明したビデオ」，②「検査練習用のグッズセット」（**写真1，2**），③「練習用の説明書」（**写真3**）を作成し，約2週間前に受診予定者に送付して自宅での予習を行い，検査に対する本人の理解と感覚の慣れを図りました。また，④「家族や本人に対する事前アンケート調査」により，家族や本人の希望を聞き取り，検査に対する個別の配慮を工夫しました。

　受診当日は，⑤一人の受診者に対して一人の職員が全課程をマンツーマンで対応し

写真1
説明ビデオ，
検査練習用のグッズセット，
視力検査用：ランドルト環

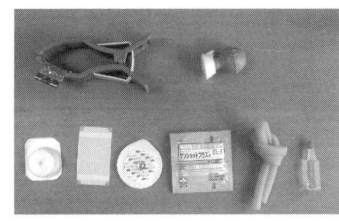

写真2
検査練習用のグッズセット
（心電図用電極4種類，アルコール綿，採血用駆血帯，腹部エコーのゼリー）

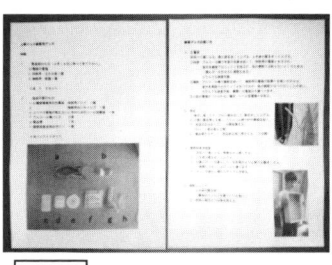

写真3
練習用の説明書

# Ⅴ 医療現場における支援の事例

ました。同時に，親や顔見知りの支援者（福祉施設職員）が付き添いました。

各検査の直前に，⑥絵や写真などを用いた「検査の段取り説明めくり式カード」（**写真4**）を見せながら繰り返し説明しました。同様に，⑦絵や写真などを用いた「検査スケジュール表」（**写真5**）を用意し，検査が終了するたびに，受診者自身がシールを貼って一つの検査が終了したことを確認しました。同時に，全体の予定のどこまで終わったか，残りがいくつあるのか見通しを理解してもらいました。①ビデオ，⑥説明カード，⑦スケジュール表には共通の写真や絵を使用し，わかりやすくしました。⑧採血時には，「NPO法人生活支援センターあすく」の医療用絵カードを使用しました。

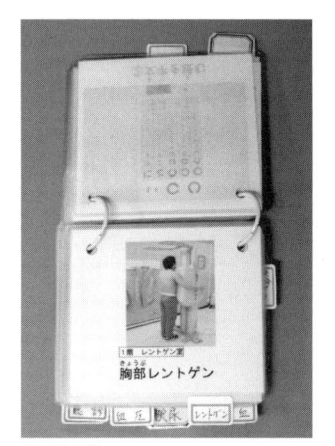

|写真4| めくり式カード

|写真5| スケジュール表

⑨スケジュールや検査は強制せず，柔軟に変更可能な態勢を用意しておきました。⑩途中で息抜きのための「おやつルーム・おやつタイム」を用意しました。検査の間に待ち時間が生じた場合のために，⑪受診者のお気に入りの本などを持参してもらい，また，⑫「暇つぶしグッズ」としていろいろな種類の風変わりな砂時計や人形などを用意しておきました。

## 3．支援の結果

決して無理強いしない方針でしたが，結果的には，採血の1例を除いてほとんどすべての検査を順調に実行することができました。事前の準備や当日のスケジュールの工夫により検査が成功したのみならず，検査前に若干のためらいがあっても本人が自発的に検査に取り組むことができたため，本人や家族は大きな達成感を感じることが

できました。検査終了時，受診者の多くは満面の笑みを見せ，帰宅後に日記にうれしそうに受診の経験を書いたとのことでした。事後のアンケートでも，支援グッズは大変役に立ち，当日の支援方法も有益であったとの感想が大半を占めました。

## 4．まとめ

　病院内において，自閉症や知的障害のある人が「大声を出した」「暴れた」等の問題行動を理由として医療行為ができなかったとの事例報告は少なくありません。表面上の問題行動にとらわれるのではなく，水面下にある理由，障害特性や周囲の環境などに目を向ける必要がありますが，医療機関における自閉症や知的障害のある人への対応のノウハウはまだまだきわめて乏しいのが現状です。

　今回の事業では，①コミュニケーションに困難がある人，体の不調を伝えにくい人の健康管理や，②障害のある人が，医療機関受診についてのよい経験を積むこと以外に，③医療機関が，障害のある人を診療するノウハウを開発，蓄積することを重要な目的としました。本人にわかるように伝え，環境や感覚過敏への配慮・支援をできるだけ手厚く行うことにより，本人が安心して自発的に検査を受けることができました。同時に，病院職員にとっても貴重な経験となりました。

## 5．結論

　医療機関では，自閉症や知的障害のある人に対する具体的なバリアフリー策が少しずつ蓄積されつつあり，障害者人間ドック事業もその一例です。また，千葉県では，配慮してもらいたいことを記載できる「医療機関受診サポート手帳」を作成し，全県的に配布しました（**写真6**）。「自閉症児者を家族に持つ医師・歯科医師の会」では，これらの情報の集積を始めています。これらの試みが成功するためには，家族，教育，福祉，行政，医療関係者が協力するとともに，本人の障害特性や環境に配慮したバリアフリーの視点を持つことが重要です。

写真6　医療機関受診サポート手帳

※この事業は，「健康福祉千葉方式」の理念に基づいて一般公募された委員で構成された，「アクションプラン2004提言書」策定作業部会の提言により実現した官民共同のモデル事業です。関係者の皆様に感謝申し上げます。

（大屋　滋）

## Ⅴ 医療現場における支援の事例

〈参考資料〉

ローナ・ウィング著／久保紘章・佐々木正美・清水康夫監訳（1998）『自閉症スペクトル――親と専門家のためのガイドブック』東京書籍

ノースカロライナ大学医学部精神科 TEACCH 部編／服巻繁訳（2004）『見える形でわかりやすく：TEACCH における視覚的構造化と自立課題』エンパワメント研究所

佐々木正美（1993）『講座 自閉症療育ハンドブック：TEACCH プログラムに学ぶ』学習研究社

佐々木正美（2004）『自閉症児のための絵で見る構造化』学習研究社

E. ショプラーほか編著（1988）『自閉症児の発達単元267』岩崎学術出版

E. ショプラーほか（1985）『自閉症の治療教育プログラム』ぶどう社

梅永雄二編著（2001）『自閉症の人のライフサポート～TEACCH プログラムに学ぶ～』福村出版

梅永雄二編著（1999）『重度自閉症者の就労支援』エンパワメント研究所

小川浩ほか（2000）『重度障害者の就労支援のためのジョブコーチ実践マニュアル』エンパワメント研究所

小林重雄ほか編著（1998）『日本版 WAIS－R の理論と臨床』日本文化科学社

L. R. ワトソンほか（1995）『自閉症のコミュニケーション指導法』岩崎学術出版

アクションプラン2004提言書について 千葉県21世紀健康福祉戦略検討委員会「アクションプラン2004提言書」策定作業部会 http://www.pref.chiba.jp/syozoku/c_kenfuku/ap/ap_teigensho.html

大屋滋（2006）「発達障害児者の医療機関受診とバリアフリーの重要性――障害者人間ドックの試み」『発達障害研究』28

障害児・者に対する適切な医療の提供について 千葉県健康福祉部障害福祉課
http://www.pref.chiba.jp/syozoku/c_syoufuku/gyosei/zyushin-support.html

「医療用絵カード」NPO法人生活支援センターあすく FAX：075－813－5142

大屋滋（2002）「コミュニケーションの難しい障害児の入院医療の工夫――家族と医療者の立場から」有馬正高, 太田昌孝編『発達障害医学の進歩』14, 診断と治療社, pp. 24－30

自閉症児者を家族に持つ医師・歯科医師の会 http://homepage3.nifty.com/afd/

大屋滋（2005）「自閉症のバリアフリーと合理的な配慮」高岡健, 岡村達也編『自閉症スペクトラム』批評社, pp. 30－43

# 第2章 様々な場面における構造化による支援

■**実践事例へのコメント**■

　障害者歯科の分野の中でも，特に自閉症の人への歯科治療は，大変難しい問題を抱えています。私は，行動障害の激しい成人女性で，なかなか行動の原因がわからないまま慢性的にパニックが続いていた人に会ったことがあります。結局，その人は，歯科的な問題があって，歯の痛みに耐えかねて大暴れをしていたことがわかりました。逆に，歯科的な問題があっても言葉や行動で示すことなく小食に陥り，みるみる体重が減少していく人もいます。偏食がひどくて甘いものしか食べず，歯磨きも不十分だったために歯がなくなってしまった人もいます。前述の行動障害の激しい成人女性の方は，すぐに歯科医院に行って治療を開始しようとしましたが，暴れてどうしようもないので全身麻酔をして身体拘束具をつけて治療を行いました。全身麻酔は身体的にとても大きな負担をかけますが，このようにして治療せざるをえないのが現状なのです。

　そのように激しい抵抗を示し，治療を困難にしているのは，見慣れない姿の人や場所，様々な治療器具，身体接触や音や匂いへの過敏性と見通しが持てないことへの不安が原因と考えられます。

　バックマンら（1999）は，歯科治療で手順を示すカラー冊子を用意し，それを使う自閉症の子どもの群と，それを使わない群に分けて検討したところ，使ったほうが治療がスムーズに行えたことを証明しています。

　本事例で紹介されているように，自閉症の人が抵抗なく歯科治療を受けられるような構造化や視覚支援の工夫の数々はどれも重要なものだと思います。一人ひとりの治療対象者は，不安の内容や伝達方法も異なるので，親御さんと協力してオーダーメイドすることが必要です。また，予防的な取り組みももっと重要でしょう。日本自閉症協会京都府支部や，北九州市の療育センターの職員の人たちは，それぞれ歯科診療をはじめ，様々な医療用の絵カード集を作成し，実際の診療に役立てています。

　日本における障害児歯科，特に発達障害の分野でTEACCHに基づいたアプローチは主流になりつつあるようです。日本障害者歯科学会では障害者歯科医を養成し，実施しているクリニックを紹介しています。ホームページ上に自閉症者の歯科治療の構造化を公開している歯科医院もあります。しかし，まだまだ各地域で自閉症を診られる歯科医は少ないし，利用者が参照できるような情報も少ないのが現状です。千葉県の取り組みのように，ノウハウが一般の医師や歯科医に普及し，利用者が利用しやすいように医院マップのようなものができるとよいでしょう。

　　　　　　　　　　　　　　　　　　　　　　　　　　　　　　　　（服巻　繁）

〈参考資料〉

Backman, B. & Piebro, C. (1999) Visual pedagogy in dentistry for children with autism. ASDC Journal of Dentistry for Children, 66, 325–331.

髙木隆郎・M. ラター・E. ショプラー編（2001）『自閉症と発達障害研究の進歩』星和書店, pp. 301–309.

日本障害者歯科学会ホームページ　http://www.kokuhoken.or.jp/jsdh-hp/html（2007年8月）

藤本歯科医院ホームページ　http://www5d.biglobe.ne.jp/~taberu/index.htm（2001年10月）

服巻繁監修／藤田理恵子・和田恵子編著（2008）『自閉症の子どもたちの生活を支える――すぐに役立つ絵カード作成用データ集』エンパワメント研究所

日本自閉症協会京都府支部　http://www3.plala.or.jp/as-kyoto/（2008年2月）

第2章 様々な場面における構造化による支援

### コラム❸　CARS

CARS とは Childhood Autism Rating Scale の略で，「小児自閉症評定尺度」と訳されています。

下の表に示されるような15項目の尺度が構成されており，1点から4点（その間に0.5点の中間点が設けられている）で採点し，その合計点によって自閉症か否かを診断します。

**CARS における15の尺度項目**

| | |
|---|---|
| 人との関係 | 他の人との相互交渉を持つような，いろいろな状況での子どもの行動を評定する。 |
| 模倣 | 言語活動と非言語活動の療法の模倣について評定する。 |
| 情緒反応 | 快適な場面と不快な場面の両方を設定して，子どもの反応を評定する。 |
| 身体の使い方 | 身体の動作の協応と適切さの両方を評定する。 |
| 物の扱い方 | おもちゃや，その他の物に示す興味，関心と扱い方の両方を評定する。 |
| 変化への適応 | 決まったルーチンやパターンを変化させる場合の困難さや，抵抗の度合いを評定する。 |
| 視覚による反応 | 奇妙な視覚的関心のパターン，子どもが物や教材を見るように要求されたときの反応なども評定する。 |
| 聴覚による反応 | 聞く行動の異常，いろいろな音に対する普通でない反応などを評定する。 |
| 味覚・嗅覚・触覚反応とその使い方 | 3つの「近接感覚」の刺激に対する反応の異常さを評定する。 |
| 恐れや不安 | 異常な恐れや理解できないような恐れ，当然恐れたりする場合に恐れを示さないことを評定する。 |
| 言語性のコミュニケーション | 話し言葉や言語の使い方のあらゆる側面について評定する。 |
| 非言語性のコミュニケーション | 顔の表情，姿勢，ジェスチャー，身体の動きを使っての非言語性コミュニケーションを評定する。 |
| 活動水準 | 子どもが制約のない自由な場面と，制約された場面の両方でどのような動きをするかを見る。 |
| 知的機能の水準とバランス | 知的機能のバランスが取れているか，そして，ここでは極端に普通でない「突出したスキル」の特徴を探し出すことも意図している。 |
| 全体的な印象 | 検査者の主観的な印象に基づいて子どもの全体的な評定をする。 |

（Schopler, Reichler & Renner, 1988）

現在，米国ノースカロライナ州では CARS の高機能自閉症／アスペルガー症候群版（CARS-HF）が作成されており，IQ 値80以上の子どもが対象となっています。

# おわりに

　自閉症の人の構造化による支援について，大学といった専門機関，学校，福祉施設，就労，医療の現場と見てきましたが，それぞれ自閉症の人に応じた構造化の種類は違うものの，自閉症という特徴をとらえた，また，それぞれ自閉症個人の能力に応じた「構造化」をされていました。

　TEACCHでは，三大骨子として「アセスメント」「コミュニケーション」「構造化」が必ずといっていいほど説明されますが，これらはそれぞれ独立しているものではなく，どのような構造化をすべきかを知るためにPEP-RやAAPEP等のフォーマルなアセスメントを行います。

　コラムに示されたように，PEP-RはIEP（個別教育計画）を立てるための指針とし，AAPEPはITP（学校から成人生活への個別移行計画）を立てるために実施されます。これらのアセスメントのほかに，TEACCHでは，自閉症であるかどうかを診断するCARS（p.118 **コラム3参照**）という診断検査があります。

　我が国では自閉症の診断は医療機関で行われるため，実際の構造化による支援ではPEP-RやAAPEP等の検査やWISC，WAIS等の知能検査でも視覚的な能力の高さなどを測定することができます。この視覚的な刺激に敏感な特長を生かして，VISUAL（視覚的構造化）およびこだわりの強い自閉症の特徴を用いたROUTINE（ルーティーン）というものも構造化として考えられています。

　また，コミュニケーションは，DSMにおける自閉症の定義に示されているように，コミュニケーションの指導はきわめて重要な自閉症者支援の一つと考えられます。ただ，ここでいうコミュニケーションは，言葉によるものとは限らず，自閉症者が使えるものであれば文字でも絵でも写真でもかまいません。どのようなコミュニケーションが可能かどうかを知ることがアセスメントであり，アセスメントの結果，絵を用いたりシンボルを用いることが構造化による支援の一つになるわけです。

　パニックや自傷，他害，水へのこだわり，つばはき，髪の毛をむしるなどのいわゆる問題行動と言われているものも一種のコミュニケーション行動です。ただ，これは社会的に妥当性のあるコミュニケーションとは認められないため，そのような行動を違うコミュニケーション行動に変えていくことにより，問題行動が軽減し，社会参加への一歩が図られることになります。

　構造化のアイデアは，自閉症者にとっての眼鏡によくたとえられますが，自閉症は自閉

症のままでいい，周囲が自閉症にわかりやすいように変わってくれればという TEACCH の発想は，国際障害分類における DISABILITY が ACTIVITY へ，そして HANDICAP が PARTICIPATION へ変わったように，障害を個人の問題ととらえずに，社会との相互作用で生まれた壁であるという発想，そして，その壁を取り除くことこそ構造化と考えてもいいのではないでしょうか。

　今後ますます，この構造化のアイデアにより，自閉症の人への支援が広がっていくことができれば，就労や居住などの社会参加がより現実味を帯びたものになってくると思います。

（梅永雄二）

## 編者・執筆者一覧

■編者

梅永 雄二　　宇都宮大学

■執筆者（執筆順）

| | |
|---|---|
| 梅永 雄二 | 上掲 |
| 関谷 めぐみ | 栃木市福祉トータルサポートセンター |
| 服巻 繁 | ピラミッド教育コンサルタントオブジャパン㈱ |
| 弓削 香織 | 静岡県こども家庭相談センター総合支援部（静岡県発達障害者支援センター） |
| 石原 まゆみ | 東京都立七生特別支援学校 |
| 相田 祐司 | 栃木県立富屋養護学校 |
| 林 大輔 | ㈳福大府福祉会 あけび苑 |
| 中村 大輔 | ㈳福愛光園 知的障がい者通所授産施設ひかりのさとファーム |
| 窪田 篤人 | ㈳福はるにれの里 就労移行支援事業所あるば |
| 高原 牧 | ㈳福花ノ木 花ノ木医療福祉センター歯科 |
| 大屋 滋 | 旭中央病院・千葉県自閉症協会 |

## 「構造化」による自閉症の人たちへの支援
――TEACCHプログラムを生かす――

2008年4月26日　初版第1刷発行
2014年2月10日　初版第5刷発行

　　　　　編　者　　梅　永　雄　二

　　　　　発行者　　小　林　一　光

　　　　　発行所　　教 育 出 版 株 式 会 社
　　　　　　　　　　〒101-0051　東京都千代田区神田神保町2-10
　　　　　　　　　　電話 03-3238-6965　振替 00190-1-107340

©Y. Umenaga 2008　　　　　　　　　　　　組版　日本教材システム
Printed in Japan　　　　　　　　　　　　印刷　モリモト印刷
落丁本・乱丁本はお取替えいたします。　　　製本　上島製本

ISBN978-4-316-80234-3　C3037

**教育出版**　〒101-0051 東京都千代田区神田神保町2-10　tel. 03-3238-6965　fax. 03-3238-6999
ホームページ http://www.kyoiku-shuppan.co.jp/

## 特別支援教育ライブラリー

### 特別支援教育への招待
宮城教育大学特別支援教育総合研究センター 編

障害等の基礎的知識を解説し、特別な支援を必要とする子どもたちのニーズの把握と適切な支援の内容・方法に関する具体例を示す。特別支援教育コーディネーター必携！

### 個別の教育支援計画の作成と実践
特別なニーズ・気になる子どもの支援のために
香川邦生 編

特別な教育的ニーズを有する児童生徒を支援する「個別の教育支援計画」について解説し、障害種別ごと、および通常学級での作成・実践例を紹介する。

### Q&A クラスのなかの「気になる子ども」
「特別なニーズ」の理解と支援
渡辺徹 編

通常の学級で、障害等の「特別なニーズ」をもつ「気になる子ども」をどう理解し、支援したらよいか。Q&Aで解説するとともに、「よくない対応の例」を示す。

### 自閉症スペクトラム児・者の理解と支援
医療・教育・福祉・心理・アセスメントの基礎知識
日本自閉症スペクトラム学会 編

自閉症スペクトラムの基礎知識を、医療・教育・福祉・心理・アセスメントの各領域から解説。

## 講座 特別支援教育（全3巻）

1. 特別支援教育の基礎理論
2. 特別支援教育における障害の理解
3. 特別支援教育の指導法

筑波大学特別支援教育研究センター／斎藤佐和／前川久男／安藤隆男 編

特別支援教育に携わる教師、及び特別支援学校教員免許取得を目指す現職教師・学生必携のシリーズ！　●最新の動向を踏まえつつ、特別支援教育の基礎理論を解説（1巻）。●各障害ごとに、その基礎知識を解説（2巻）。●特別支援教育における指導法を、各障害ごとに具体的に解説（3巻）。

### 発達障害をもっと知る本
「生きにくさ」から「その人らしさ」に
宮尾益知 著

### 親・教師・保育者のための 遅れのある幼児の子育て
寺山千代子・中根晃 著